浙江大学图史
编纂委员会

主　编	金德水	吴朝晖
副主编	任少波	罗卫东

编　委 （按笔画顺序）					
	马景娣	毛文婷	卢绍庆	冯　骏	李金林
	李曙白	应　飚	沈文华	张　燕	张卓群
	张淑锵	金中仁	金灿灿	赵卫平	胡　岚
	胡志富	倪贞燕	蓝　蕾	楼含松	

浙江大学图史

金德水　吴朝晖　主编

浙江大学出版社

求是精神
終可樹題

求是，創新

路甬祥

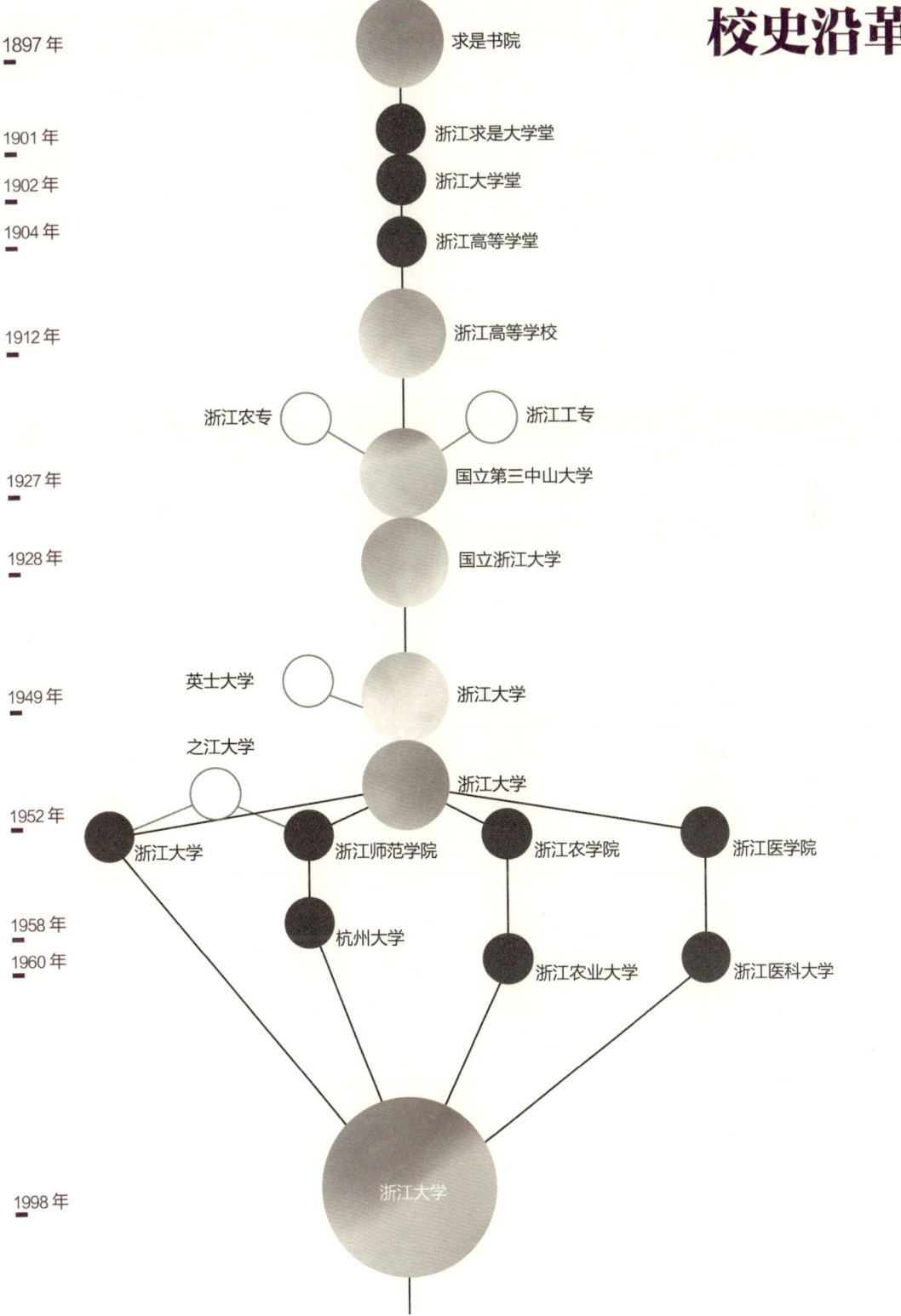

序

金德水　吴朝晖

回眸双甲子辉煌，献礼百廿载华诞，《浙江大学图史》出版，这对传承文脉、启鉴后人具有深远意义。

国有成均，在浙之滨。作为一所为图强变革而创立的新式高等学府，学校始终胸怀振兴中华的梦想，秉承求是创新的优良传统，在抗战烽火中崛起，在国家建设中奉献，在并校融合中跨越，在争创一流中奋进。聚江南山水之灵秀，汲华夏文明之学养。120年来，"浙里"人文荟萃、俊彩星驰，涌现出竺可桢、苏步青、贝时璋、王淦昌、谈家桢、钱三强、叶笃正、徐光宪、谷超豪、程开甲、李政道等一大批著名科学家，以及马一浮、郑晓沧、丰子恺、夏承焘、沙孟海、夏衍、姜亮夫、常书鸿等一大批文化大师，目前有200余位校友当选为中国科学院院士、中国工程院院士，5位校友荣获国家最高科学技术奖，4位校友荣获国家"两弹一星"功勋奖章，1位校友荣获诺贝尔物理学奖，60余万校友遍布全球，为人类进步和民族复兴作出了杰出贡献。

薪火相传，学脉绵延。一代代浙大人坚持以天下为己任，以真理为归依，勤学、修德、明辨、笃实，形成了"海纳江河、启真厚德、开物前民、树我邦国"的大学精神。近年来，浙大人继续保持干在实处、走在前列、勇立潮头的精神状态，进一步明确了建设世界一流大学的目标愿景，大力培育时代高才，构建学科高峰，打造科研高地，汇聚名师高人，积累文化高度，探索改革高招，各项事业呈现出强劲的发展势头。2015年教师节前夕，习近平总书记特别嘱托中共中央办公厅来函转达了他对浙大教师的节日祝贺，指出："浙大教师信念坚定、师德高尚、业务精良，为党和国家事业培养了大批人才。我们要实现'两个一百年'奋斗目标，实现中华民族伟大复兴的中国梦，需要一大批忠诚党的教育事业的老师们精心育人，源源不断培养和造就一代又一代社会主义事业的合格建设者和可靠接班人。希望浙大在这方面走在前列。"

今日之浙大，创新创业的教育特色不断巩固，顶尖前沿的科研成果加速涌现，群峰竞秀的学科布局加快涵育，开放共享的合作网络日臻完善，与世界著名院校的合作不断深化，面向未来的战略格局正在形成，七大校区交相辉映，综合实力稳居前列，大学声誉跻身世界百强，正朝着建设中国特色世界一流大学的目标不断前行！

　　一段历史，波澜壮阔，跨世纪宏伟画卷折射出浙大师生不懈奋斗的璀璨群像。一种精神，辉映古今，百廿载风雨沧桑锤炼了求是学人的风骨和气韵。《浙江大学图史》以大量珍贵的史料展现了一代代浙大人求真至善、无私奉献的生动画面：他们将复兴中华的赤子情怀融入求是书院的挑灯苦读中，挥洒在辗转西迁的漫漫征途上，绽放在祖国需要的广袤天地间，铭记在追求卓越的不绝弦歌里，交织成跨越时空的求是记忆，贯穿其中的求是创新校训和浙大精神历经岁月的洗礼，日益昭示出蓬勃生机。

　　让我们走进历史、感知历史，用心体会中国教育的沧桑与跨越，用心感知求是文脉的自强与遒劲，承继百廿载光荣与梦想，主动在创新、开放、联动、包容的时代把握发展机遇，不忘办学初心，勇立时代潮头，加快建设中国特色世界一流大学，努力为服务社会发展、实现民族复兴、推动人类进步作出更大贡献！

前　言

在中国近代高等教育历史上，浙江大学是一所具有典范意义的大学，也是历史和文化脉络非常清晰的大学。她经历了自甲午战争以来一个多世纪中国社会的历次重大变革和社会变迁，始终勇立潮头。从求是书院的艰辛初创，到国立浙江大学的蔚然形成；从艰苦卓绝、玉汝于成的"文军长征"，到办学遵湄、声誉鹊起的"东方剑桥"；从抗战胜利复员杭州，到迎接新中国的诞生；从院系调整作出巨大贡献，到改革开放取得突出成绩；从四校合并组建新浙大，到新世纪勇担使命加快建设世界一流大学，浙江大学始终与民族共命运，与时代同进步，与科学同发展，创造了无数的奇迹和辉煌。她的历史就是一部浓缩的中国近代高等教育史。

1897年，作为中国人自己最早创办的新式高等学堂之一，浙江大学前身求是书院在清末维新浪潮中诞生。求是书院秉持"居今日而图治，以培养人才为第一义；居今日而育才，以讲求实学为第一义"的宗旨，师生"正其谊，不谋其利，明其道，不计其功"，形成了以"勤、诚"为特色的校风。求是书院开启了教育救国、人才兴国的探索历程，是百廿年浙大文化传统的源头。

1927年，在原求是书院的旧址上，成立了国立第三中山大学。次年定名为国立浙江大学。著名教育家蒋梦麟、邵裴子等先后出任校长，引入现代教育制度，注重教学实验实践，办学规模日渐扩展。

1936年4月起，著名科学家、教育家竺可桢出任浙江大学校长。在竺校长先进的办学理念和崇高的人格力量影响、感召和带动下，浙江大学自此进入了一个困厄中崛起、苦难中辉煌的历史时期。特别是抗日战争全面爆发之后，竺校长率领浙大师生举校西迁，辗转五千余里，足迹涉及南方七省，最后到达贵州遵义、湄潭办学，直到抗战胜利复员杭州，前后历时近九年。西迁期间，浙大确立了"求是"校训，谱写了校歌，为师生点亮了前行的明灯。师生不畏时艰，在人才培养、科学研究、社会服务等各个方面都取得了突出成就，仅后来成为中国科学院或中国工程院院士的师生就达50余人，其中李政道日后获得诺贝尔物理学奖，叶笃正、谷超豪、程开甲获得国家最高科学技术奖。竺可桢的《二十八宿起源之时代与地点》、苏步青的微分几何研究、束星北的狭义相对论研究和量子力学研究、王淦昌的《关于探测中微子的建议》、谈家桢的遗传学研究、张荫麟的《中国史纲》等科研成果都处于国际或国内学术界的前沿。英国皇家科学院院士李约瑟先后两次考察访问在遵义、湄潭办学的浙江大学，惊叹于浙大在艰苦条件下的浓厚学术气氛和高水平科研能力，盛赞浙大是"东方的剑桥"。抗日战争胜利后，浙江大学师生于1946年秋全部返回到杭州。此时的浙江大学，拥有文、理、工、农、医、法、师范7个学院，30个系，4个研究所，计5个研究学部，已经发展成为一所学科门类齐全、办学实力雄厚的综合性大学。

新中国成立后，为适应高等教育调整发展的需要，国家对浙江大学的院系和学科结构进行了一些调整。特别是1952年全国高等学校院系调整时，浙大部分系科转入兄弟高校和中国科学院，为全国高等教育和科学研究机构相关学科发展建设的重新布局与发展作出了突出贡献；留在杭州的主体部分被分为多所单科性院校，后来分别发展为浙江大学、杭州大学、浙江农业大学和浙江医科大学，并且都取得了较大成就。在1978年的全国科学大会上，四校共有60多项科研成果获奖。20世纪末，四校又分别通过了国家"211工程"部门预审或省级重点学科建设项目立项论证。

1998年9月，经国务院批准，同根同源的四所大学合并组建为新的浙江大学，迈上了创建世界一流大学的新征程。新浙江大学学科涵盖哲学、经济学、法学、教育学、文学、历史学、艺术学、理学、工学、农学、医学、管理学等12个门类，现拥有紫金港、玉泉、西溪、华家池、之江和舟山、海宁等7个校区，与杭州市、宁波市分别共建城市学院和宁波理工学院，设医学院附属第一医院、第二医院、邵逸夫医院、妇产科医院、儿童医院、口腔医院和第四医院等7家高水平医院。

浙江大学主动对接国家和区域战略需求，坚持"以人为本，整合培养，求是创新，追求卓越"的教育理念，培养具有国际视野的高素质创新人才和未来领导者，着力打造具有影响力的高水平创新源、人才泵和思想库，具有强大的办学实力。"国有成均，在浙之滨"，浙江大学秉承求是精神，以造就卓越人才、推动科技进步、服务社会发展、弘扬先进文化为己任，实施培育时代高才、构建学科高峰、打造科研高地、汇聚名师高人、积累文化高度、探索改革高招的"六高强校"战略，努力建设具有中国特色、世界一流的综合型、研究型、创新型大学，为推动国家繁荣、社会发展和人类进步不断作出更大贡献。

翻开《浙江大学图史》，让我们走进浙大的过去和现在，去感知百廿年中国高等教育的嬗变与跨域，去感受每一代浙大人的探索与思考，去感悟生生不息、遒劲郁勃的求是精神血脉。

目 录

第一章	开物前民求实学（1897—1928）	2
	求是书院的创立	4
	浙江工专和浙江农专	16
	成立国立第三中山大学	20
第二章	国有成均展宏图（1928—1937）	28
	定名国立浙江大学	30
	延聘著名学者专家	31
	初具现代大学格局	32
	竺可桢出任校长	38
第三章	文军长征奋崛起（1937—1946）	44
	於潜、建德办学	46
	吉安、泰和办学	50
	宜山办学	54
	龙泉办学	60
	遵义、湄潭办学	62
	校训、校歌	72
	名师云集	76
	英才辈出	79
	成果卓硕	81
	师生文化活动	90
	李约瑟访问浙大	94

第四章	复员回杭迎黎明（1946—1949）	98
	建设新校园	99
	在动荡中办学	104
	参与接管台北帝国大学	107
	东南"民主堡垒"	108
第五章	调整重组启新局（1949—1952）	114
	拥抱新时代	115
	马寅初出任校长	116
	参加抗美援朝	118
	院系调整惠四方	120
第六章	老和山下谱新篇（1952—1998）	126
	迁址老和山	129
	重建理科	134
	在"文革"动乱中奋争	138
	全国科学大会崭露头角	141
	在改革开放时代奋勇崛起	144
	首批进入"211工程"	156
第七章	西溪河滨吟弦歌（1952—1998）	160
	成立浙江师范学院	165
	合并成立杭州大学	168
	文理为主、多学科交叉的办学格局	169
	扩大对外学术交流与合作	176
	进入"211工程"	177
第八章	华家池园育新风（1952—1998）	180
	成立浙江农学院	184
	升格为浙江农业大学	186
	以农为主、多科协调发展的办学格局	188
	富有特色的留学生培养	192
	进入"211工程"	195

第九章	西子湖畔铸仁术（1952—1998）	198
	成立浙江医学院	200
	升格为浙江医科大学	201
	以医为主、多科协调发展的办学格局	203
	附属医院的成立与发展	206
	通过省级重点学科建设项目论证	209
第十章	树我邦国奔一流（1998— ）	212
	新浙江大学成立	214
	融合与发展	218
	明确发展战略	220
	拓展办学空间	223
	汇聚一流师资	228
	培育时代英才	236
	勇攀学科高峰	242
	服务社会	248
	传承优秀文化	254
	国际交流与合作	262
	实施党建伟大工程　实现党的伟大事业	270
附　录	浙江大学院系设置沿革一览	278
	浙江大学两院院士名录	288
后　记		292

1897
1928

开物前民求实学

近代新式高等教育在中国的勃兴，
是时代的产物，
是国人在历经种种探索、
遭遇种种失败后的必然选择。

1894—1895年，中国在甲午战争中惨败，
并导致割地赔款，朝野震动。
一场以御侮图强、兴学育人
为宗旨的近代教育改革，
在中国各地渐然兴起。

第一章
开物前民求实学（1897—1928）

近代新式高等教育在中国的勃兴，是时代的产物，是国人在历经种种探索、遭遇种种失败后的必然选择。1894—1895年，中国在甲午战争中惨败并导致割地赔款，朝野震动。一场以御侮图强、兴学育人为宗旨的近代教育改革在中国各地渐然兴起。

1897年，在浙江巡抚廖寿丰、杭州知府林启等人的努力下，筹办新式学堂之议奏报清廷获准，浙江大学的前身——求是书院在杭州创立。1897年5月21日，求是书院正式办学，第一批招收学生30名，以蒲场巷（现大学路）普慈寺为院址。杭州知府林启兼任求是书院总办（相当于现在的校长）。

求是书院的创办开启了教育救国、人才兴国的探索历程，是百廿年浙大文化传统的源头。书院办学初期，其办学宗旨、课程设置、教学制度、师资配置等都与旧式学堂大相径庭，已具备现代学校的雏形，从而成为继北洋西学学堂、南洋公学之后，由中国人自己最早创办的现代高等学堂之一。

书院重视"西学"传习。课程分为必修课和选读课两类。必修课有国文、英文、算学、历史、地理、格致（物理）、化学等课，以后又增开体操（体育）课。选读课有日文、外国史地、音乐课等。书院聘请美籍、日籍教师任教。在考试制度上，规定在校学生于"朔课考试化算诸学，望课考试经史策论"，即每月月初考算学、物理、化学等"西学"，每月月中考经史策论等"中学"，以考试"西学"、策论取代因循的"词章帖括"，摒弃科举教育的陋规。

求是书院是当时全国最早选送高材生赴日深造的学校之一。1898年8月，刚刚变法后的清廷发出催各省选定学生赴日游学的谕旨。9月，求是书院即选派何燏时等4人赴日留学，"为各省派往日本游学之首倡"。至1903年，浙江留日学生总数达154人，居全国各省第二位。

由于国内形势的变化和清末新政的陆续推进，学校几经更名，历经"浙江求是大学堂"（1901年）、"浙江大学堂"（1902年）、"浙江高等学堂"（1904年）、"浙江高等学校"（1912年）。1914年，因学制改革，浙江高等学校一度停办。20世纪初期浙江工专和浙江农专先后成立,开启了浙江高等工业教育和高等农业教育的历程。

1927年,南京国民政府成立后,决定实行"大学区制",每区设立大学一所,统一命名为"中山大学",分别管理各区一切学术和教育行政事项,并决定在杭州组建"第三中山大学"。1927年7月15日,在原浙江高等学校办学旧址,整合了浙江工专和浙江农专成立"第三中山大学",下设工学院和农学院,筹设文理学院。8月3日,冠名"国立",称"国立第三中山大学"。

求是书院的创立及发展,不仅开浙江新式教育风气之先河,而且在中国高等教育史上具有重要的里程碑意义。

历任校长一览

校名	职位	姓名	任期
求是书院	总办	林启(兼)	1897.05—1900.05
	总理	陆懋勋	1900—1901.09
浙江求是大学堂	总理	劳乃宣	1901.10—1902
浙江大学堂	总理	劳乃宣	1902.02—1903.06
	总理	陶葆廉	1903.07—1904
浙江高等学堂	监督	陆懋勋	1904—1906
	监督	吴震春	1906—1910
	监督	孙智敏	1910—1912
浙江高等学校	校长	邵裴子	1912—1912.06
	校长	陈大齐	1912.07—1913
	校长	胡壮猷	1913—1914
第三中山大学	校长	蒋梦麟	1927.07—1927.08
国立第三中山大学	校长	蒋梦麟	1927.08—1928.02

求是书院的创立

林启（1839—1900）

字迪臣。晚清进士，翰林院编修。曾任陕西学政、浙江道监察御史。因反对慈禧太后挪用海军经费建造颐和园，被贬为衢州知府。1896年，调任杭州知府。在杭期间，勤于治理，倡导务实之风，重视生产、发展经济，兴办教育、富国图强，时人评价其"治杭得其政，养士得其教，为匹夫匹妇得其利"。林启认为旧式书院"只空谈义理，溺志词章"，不能适应革新图强的需要，决定与浙江巡抚廖寿丰等共同创办新式学堂——求是书院，亲自任总办，负责确定章程、延聘师资、招收学生等各项事宜，还选派学生留学日本，培养了大批优秀人才。除求是书院外，林启在杭还创办了养正书塾、蚕学馆等近代教育机构。

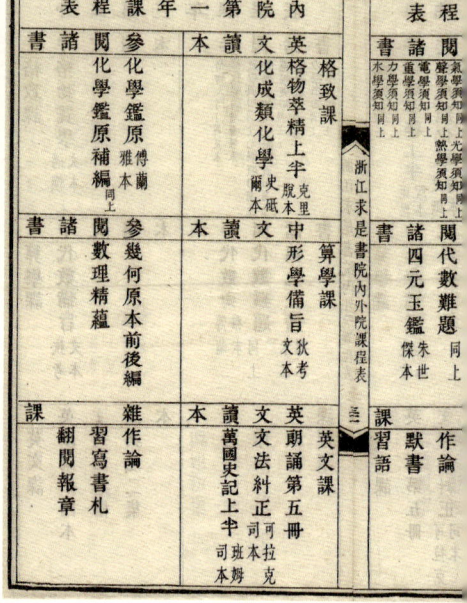

浙江求是书院内外院课程表

> **居今日而图治，以培养人才为第一义；**
> **居今日而育才，以讲求实学为第一义。**

求是书院明确规定"无论举贡生监，年在三十以内，无嗜好，无习气，自愿驻院学习者"均可报考，考生"先试经义史论时务策"。废除八股，注重考查考生的品行和实学。图为《杭州府林太守启招考求是书院学生示》，载《经世报》1897年8月12日。

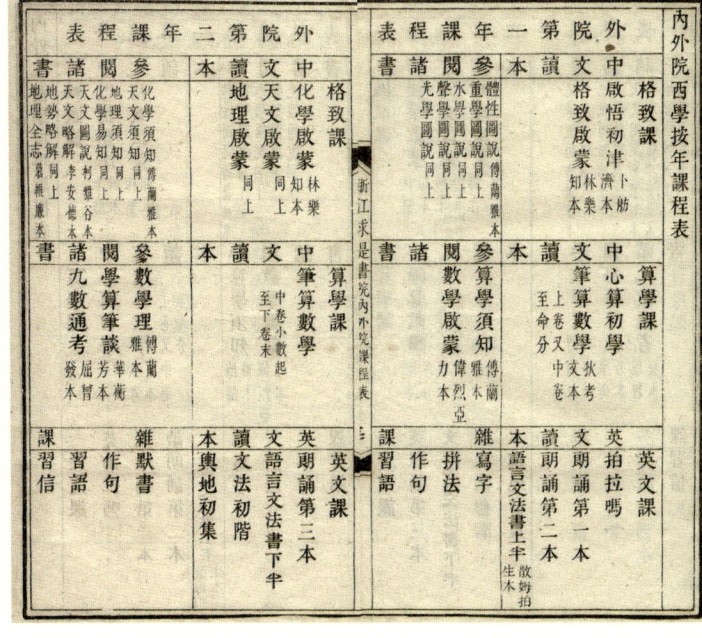

求是书院设内院和外院，入读内院的学生需具有举、贡、生、监等传统的功名身份，受教育水平较高。外院生分有功名身份的经生和未取得功名身份的蒙生。图为求是书院部分课程表，内含格致（物理）、化学、英文、数学等课程。

求是书院开设体操（体育）课，规定每星期一、四下午5点至6点，先柔软、次器械、次兵式。图为求是书院学生上体操课后合影（摄于1901年11月）。

求是书院学生必读书籍有黄宗羲的《明夷待访录》、严复翻译的赫胥黎所著《天演论》、陶葆廉的《求己录》等。

第一章 开物前民求实学(1897—1928)

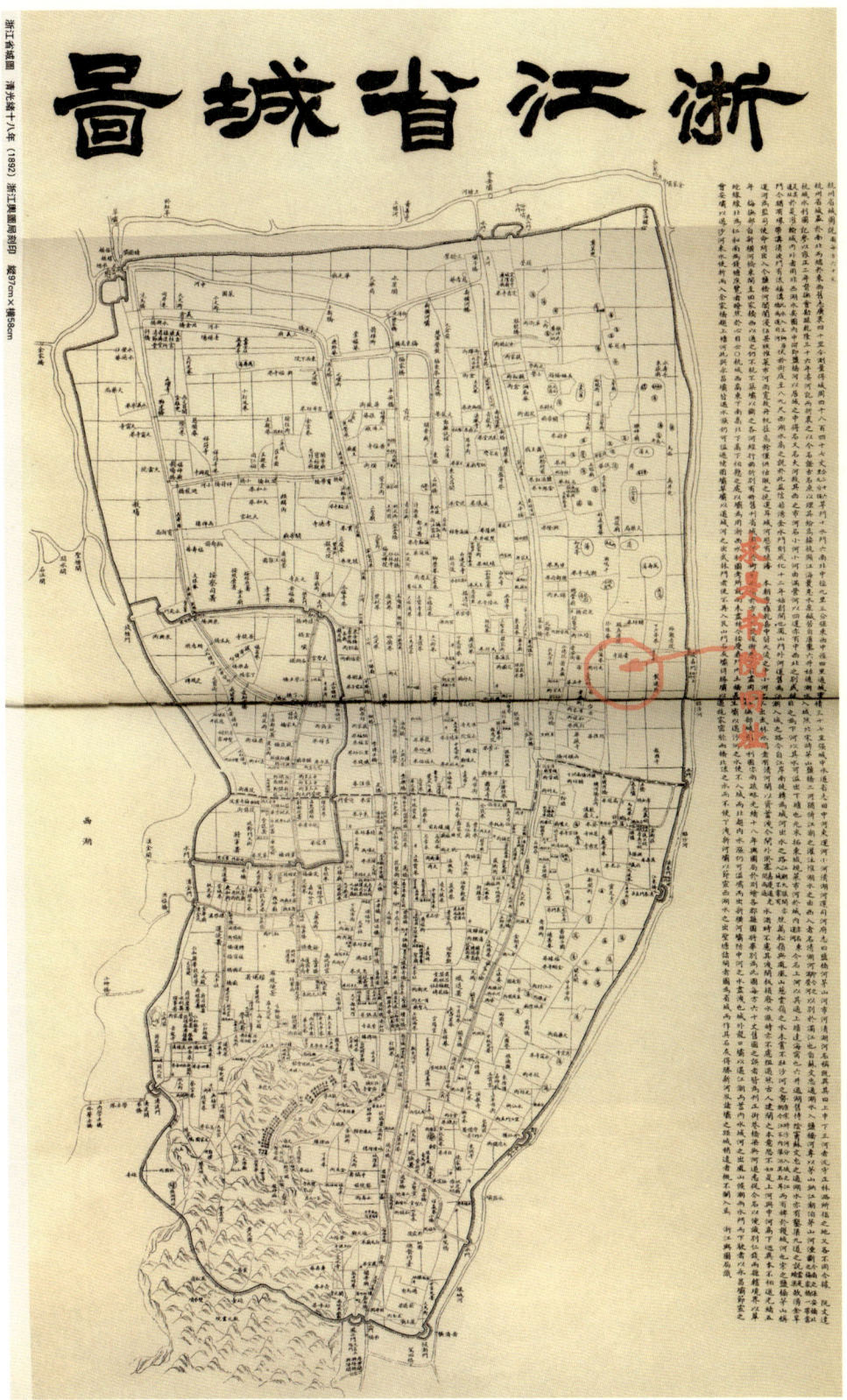

求是书院在杭城的位置示意图。

求是书院旧址。位于杭州市大学路,现为浙江省文物保护单位。

求是书院教室。

求是书院校舍(摄于20世纪20年代)。

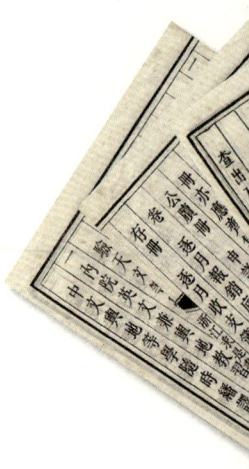

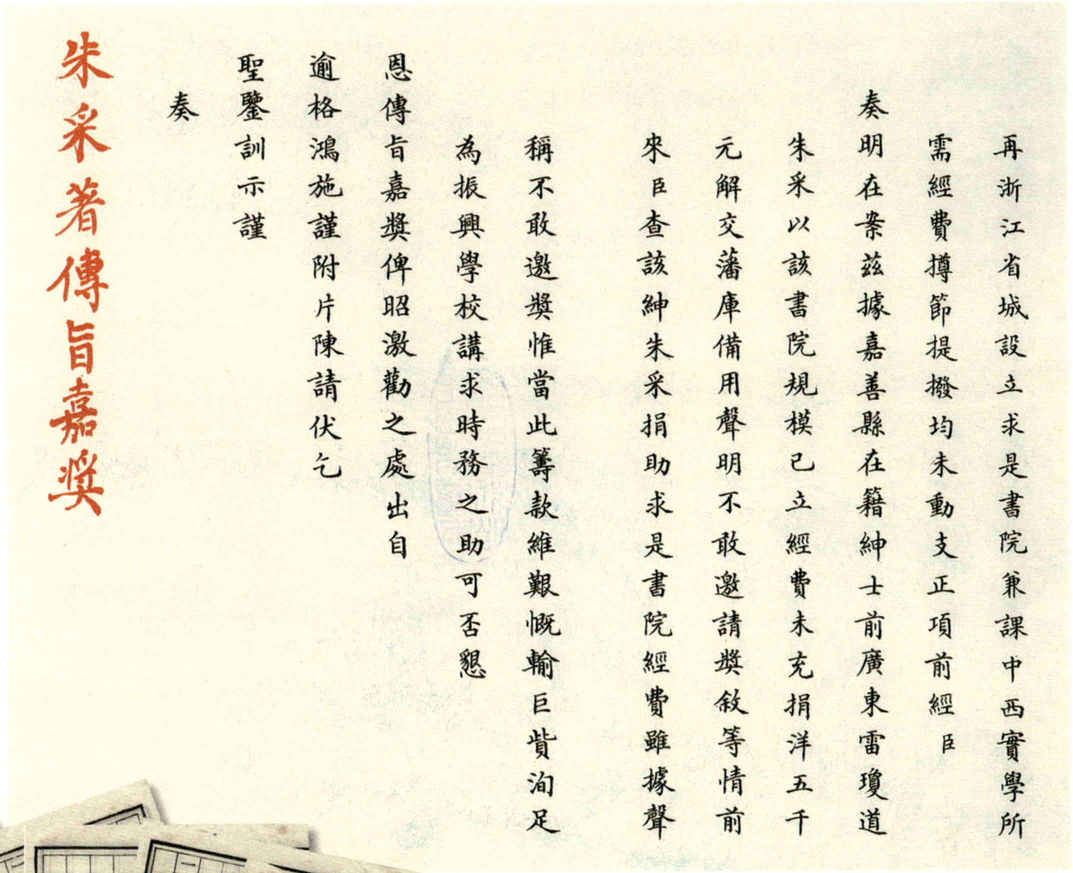

朱采著傳旨嘉獎

再浙江省城設立求是書院兼課中西實學所需經費撙節提撥均未動支正項前經臣奏明在案茲據嘉善縣在籍紳士前廣東雷瓊道朱采以該書院規模已立經費未充捐洋五千元解交藩庫備用聲明不敢邀請獎敘等情前來臣查該紳朱采捐助求是書院經費雖據聲稱不敢邀獎惟當此籌款維艱慨輸巨貲洵足為振興學校講求時務之助可否懇恩傳旨嘉獎俾昭激勸之處出自逾格鴻施謹附片陳請伏乞

聖鑒訓示謹

奏

书院初创时期，办学经费紧张，嘉善籍绅士朱采慷慨捐款五千银元，受到光绪皇帝传旨嘉奖，为浙江大学助教兴学第一人。图为浙江巡抚廖寿丰奏报光绪皇帝的朱批奏折。

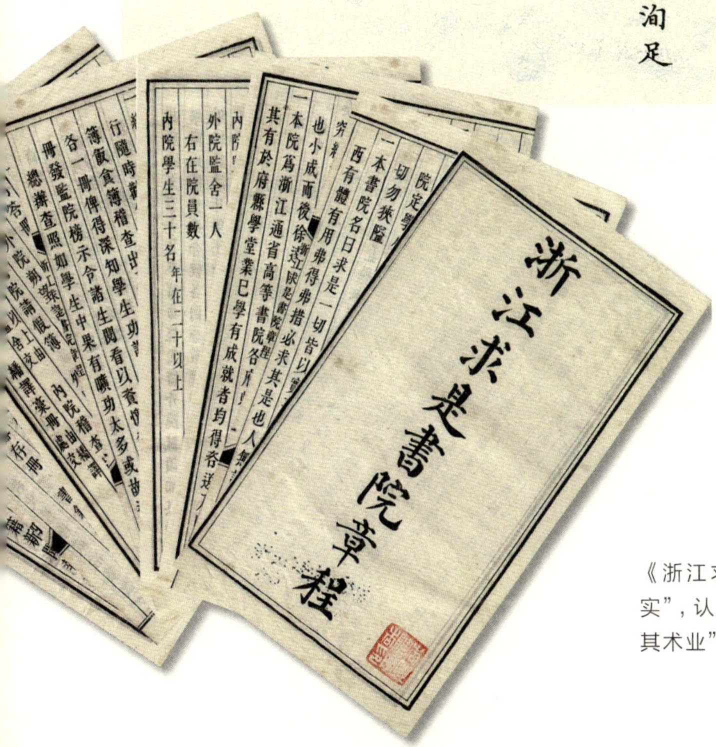

《浙江求是书院章程》第四款规定，学生必须"行旨笃实"，认为"讲求实学，要必先正其志趣"，然后才能"精其术业"。

从求是书院到浙江高等学校，一批满腹经纶的饱学之士在校任教。

陈汉第（1875—1949）

字仲恕。参与创办求是书院，和友人汪康年等竭力鼓动，力陈兴办新学。1897年5月至1902年，历任求是书院文牍斋务、代监院、监院。辛亥革命后曾任总统府秘书，国务院秘书长。

宋　恕（1862—1910）

字燕生。近代启蒙思想家。1901年任求是书院汉文总教习。主张变法维新、设立议院、开设报馆、兴办学校、振兴工商等，为早期维新派代表人物。

劳乃宣（1843—1921）

字季瑄。1901年10月至1903年6月任浙江求是大学堂总理、浙江大学堂总理。1911年11月任京师大学堂监督，兼任清廷学部副大臣。

宋恕所著《六斋卑议》，系统陈述了他的维新主张。

马叙伦（1884—1970）

字彝初。现代教育家、语言文字学家。1905年任浙江高等学堂国文教师。早年加入同盟会。曾任北京大学教授。1945年底发起组织中国民主促进会，任首任中央主席。新中国成立后历任中央人民政府委员、第一任教育部部长、高等教育部部长等职。中国科学院学部委员（院士）。

吴震春（1869—1941）

字雷川。翰林院编修。1906年8月至1910年任浙江高等学堂监督。任职期间提倡教育改革，增设专门的高等教育科目和适应时代发展的学科；注重学生自治，自由选课，鼓励学生关心时政，参加社会活动。曾任国民政府教育部常任次长、燕京大学校长。

沈尹默（1883—1971）

字中、秋明。书法家、诗人。1908年任浙江高等学堂教员。曾任北京大学教授，参与《新青年》杂志办刊，为"五四"新文化运动倡导者之一。书法艺术造诣精深，时有"南沈北于（于右任）"之称。

邵裴子（1884—1968）

字长光。教育家。1899年考入求是书院。1910年任浙江高等学堂英文教员，曾任浙江高等学校校长，第三中山大学筹备委员会委员、文理学院院长、国立浙江大学副校长、校长等职。任职期间，主张"学者办学"、"舆论公开"，强调大学教育以培养通才为主。尊重教授，竭力吸引社会各界贤达名流受聘浙大。苏步青在浙大执教时，因经济窘迫萌生退意。邵裴子以自己月薪接济苏步青，从而挽留了苏先生，在浙江大学历史上留下了一段佳话。

陈去病（1874—1933）

字巢南、佩忍。近代诗人，南社创始人之一。1911年执教浙江高等学堂。早年参加同盟会，追随孙中山先生宣传革命，在推翻清王朝的辛亥革命和讨伐袁世凯的护法运动中作出重要贡献。其诗多抒发推翻清廷探求救国的壮志与情怀。

陈去病（前排右一）与孙中山等人在杭州合影。

陈大齐（1886—1983）

字百年，一作伯年。心理学家。1912年7月至1913年任浙江高等学校校长。1917年在北京大学创建了我国第一个心理学实验室。曾任北京大学哲学系主任、心理学系主任、教务长、代理校长，台湾政治大学校长。著有《心理学大纲》、《现代心理学》、《荀子学说》等。

从求是书院至浙江高等学校时期,学校聘任了一批外籍教师来校执教,以提高西学教习水平。

求是书院成立之初,即聘请杭州之江大学前身育英书院校长、美籍教师王令赓(E.L.Mattox)担任书院正教习,并教习理化课程。图中左为王令赓博士。

斯坦利·库尔·亨培克
(Stanley K.Hornbeck)
美籍教员

保罗·戴尔·梅里卡
(P. D. Merica)
美籍教员

铃木珪寿

日籍教员,在浙江高等学堂任教满5年,得到清政府的嘉奖。

求是书院至浙江高等学堂时期聘请外籍教师统计表

姓 名	国 籍	授课情况	入校时间
王令赓(E.L.Mattox)	美国	理化	1897
迁安弥	日本	外国地理、历史	1905
铃木珪寿	日本	博物	1905
元桥义墩	日本	音乐	1906
富长德藏	日本	体操	1907
吉加江宗二	日本	图画	1908
永漱久七	日本	图画	1909
斯坦利·库尔·亨培克(Stanley K.Hornbeck)	美国	历史、地理、法文、辨学	1910
保罗·戴尔·梅里卡(P. D. Merica)	美国	物理、化学、数学、德文	1910

求是书院是全国最早实行选送高材生出国深造的学校之一。早期留日学生有何燏时、许寿裳、蒋尊簋、蒋方震、王嘉榘、钱家治、周承菼、厉家福、寿昌言、韩永康、施霖、陈其善等。同时，自求是书院至浙江高等学校培养了一批经世贤能的国家栋梁之才。

何燏时（1878—1961）

字燮侯。教育家。1897年入求是书院。1898年赴日留学，1905年毕业于东京帝国大学，为中国留日学生在正规大学毕业第一人。1912年11月，京师大学堂改称"北京大学"后，任北京大学首任校长。政协第一届全国委员会委员，参加了新中国开国大典。

陈独秀（1879—1942）

字仲甫。革命家、思想家。中国共产党最重要的创始人和早期领导人。1898年就读于求是书院。1915年创办并主编《新青年》。1918年和李大钊共同创办《每周评论》。1921年7月，在中国共产党第一次全国代表大会上当选为中央局书记。后任中国共产党第二届、第三届中央执行委员会委员长，第四届、第五届中央委员会总书记。

许寿裳（1883—1948）

字季茀。传记作家，教育家。1898年入求是书院，1902年赴日留学。历任北京大学教授、北京女子师范大学校长、台湾大学国文系主任等。鲁迅挚友，著有《鲁迅的生活与思想》、《鲁迅年谱》等。

蒋方震（1882—1938）

字百里，军事理论家。1899年入求是书院，后留学日本。1903年在东京主编《浙江潮》，宣传革命。民国时期陆军上将，曾任保定军官学校校长、陆军大学代理校长等，是把近代西方军事理论系统介绍到中国的第一人。

蒋尊簋（1882—1931）
字伯器。军事家。早年就读于求是书院，后留日学习军事。1905年，先后加入光复会、同盟会。曾在江西响应蔡锷起兵讨伐袁世凯。曾任浙江军政府都督等。

夏元瑮（1884—1944）
字浮筠。物理学家。早年就读于求是书院，后赴美国和德国留学。我国第一代理论物理学家、大学物理本科教育的开创者之一，曾任北京大学理科学长、物理系主任，同济大学校长，北平大学代理校长。曾随爱因斯坦学习相对论，翻译并引介了爱因斯坦名著《相对论浅释》。

马宗汉（1884—1907）
字子畦。辛亥革命先烈。1902年入浙江大学堂。1907年，协助徐锡麟刺杀安徽巡抚恩铭，是为辛亥革命的前兆。起义失败后，被清政府杀害。

陈布雷（1890—1948）
本名训恩，笔名布雷，字彦及。1906—1911年就读于浙江高等学堂。1907年参与浙江护路拒款运动。关注母校，对竺可桢出任浙江大学校长和学校西迁办学起过重要作用。长期担任蒋介石的幕僚长，是国民党的"领袖文胆"和"总裁智囊"，素有"国民党第一支笔"之称。

邵飘萍（1886—1926）
原名新成，字振青，号飘萍。革命志士，新闻界泰斗，我国新闻事业的先驱者之一。1906—1908年在浙江高等学堂学习。国人最早自办的通讯社"北京新闻编译社"和大型日报《京报》的创办人。以新闻为阵地，揭露和抨击军阀政府，唤醒民众。1926年被北洋军阀杀害。毛泽东主席说他是"一个具有热烈理想和优良品质的人"，著名爱国将领冯玉祥曾赞誉"飘萍一支笔，抵过十万军"。

浙江高等学校旅沪同学合影（摄于1927年1月）。

第一章 开物前民求实学(1897—1928)

从求是书院创立到浙江高等学校时期,正值国事动荡,求是学子开展了传播民主、倡言革命、反帝爱国等一系列进步活动。学校成为传播民主革命思想的重要基地。

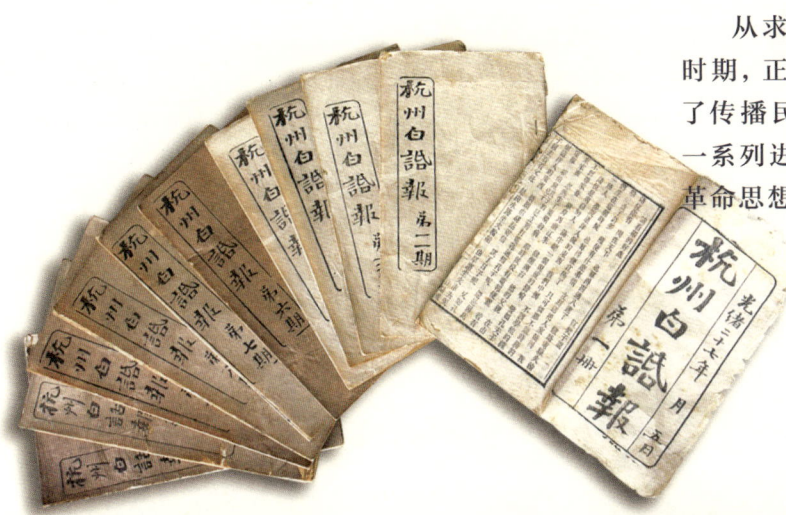

《杭州白话报》是清末较早的白话文报纸。求是书院的学生曾自行集资定购该报,并分送到书院附近的茶馆、酒楼,供市民阅读;定期轮流讲解白话报。国文教习孙翼中还曾担任《杭州白话报》主笔,以论说、中外见闻、杂文、译文等各种形式批评陋俗、提倡妇女解放等,深受欢迎。

清朝末年,铁路收归国有。1907年,清政府拟与英国订约借150万英镑修建苏杭甬铁路,并以出让路权为条件,激起江浙人民的愤怒。杭州、苏州、绍兴、宁波等地的士绅、学界、商界相继成立国民拒款会或拒约会等团体,要求拒洋款,集民股,保路权。浙江高等学堂的学生积极投身于这场爱国运动,发动全省各校学生,成立了"浙省学校联合拒款会",上街下乡,宣传拒款的意义,号召大家节衣缩食,集款认股,反对借款,保护路权,得到全省各校师生和社会各界的普遍响应和支持,取得了斗争的胜利。1909年8月,江浙自办的沪杭铁路全线通车。图为沪杭铁路沪嘉(兴)段通车典礼(摄于1909年8月)。

浙江高等学堂关于护路拒款致学部及浙省各地中学堂、师范学堂的电报,1902年11月6日刊载于《申报》。

浙江工专和浙江农专

1910年11月26日，浙江巡抚增韫专折上奏清廷获准，筹办浙江中等工业学堂。1911年3月27日，浙江中等工业学堂正式开学，校址设在杭州蒲场巷杨官弄报国寺（原铜元局旧址）。1912—1920年期间先后改称浙江公立中等工业学校、浙江公立甲种工业学校、浙江省立甲种工业学校，1920年升格为浙江公立工业专门学校（简称浙江工专），下设电气机械科和应用化学科（后改称电机工程科和化学工程科），学制4年，预科1年、本科3年。学校附设甲种工业学校，招甲、乙二类讲习生，甲种分机械、电机、应用化学、染织4科；乙种分金工、木工、锻工、铸工、力织、染色、捻丝、纹工、原动、制纸、制革、油脂等12科。这是浙江高等工业教育的发端。1927年，浙江工专被改组成为国立第三中山大学工学院。图为浙江工专的校址杭州蒲场巷杨官弄报国寺。

许炳堃（1878—1965）

字挺甫。实业教育家。1910—1924年任浙江公立工业专门学校校长，定校训为"诚朴"二字，强调高水平、严要求，"手脑并用"的办学方针，培养"有坚强之体魄，健全之道德，正确之知识，果毅之精神，敏活之动作，娴习之技能"的"理想上完全工业人才"。

1910年3月3日,浙江巡抚增韫奏请设立高等农业学堂和农业教员讲习所。同年9月成立农业教员养成所,后又改称农业教员讲习所。校址设在杭州马坡巷,后迁到横河桥。1912年改称浙江中等农业学堂,后又改称浙江省立甲种农业学校,1913年4月迁入杭州笕桥新校舍。1924年升格为浙江公立农业专门学校(简称浙江农专),学校设农学和森林两科,并附设高中农科,这是浙江农业高等教育的开端。1927年,浙江农专被改组成为国立第三中山大学劳农学院。图为浙江公立农业专门学校校园。

许　璇（1876—1934）

字叔玑。农学家、农业教育家,中国农业经济学科先驱。1924年任浙江公立农业专门学校校长。1927—1933年,任国立第三中山大学劳农学院、浙江大学农学院教授,农业社会系主任,教务主任。提出"熔学术教育与农村事业于一炉"的教育方针。

谭熙鸿（1891—1956）

字仲逵。农业教育家。1927年5月任浙江公立农业专门学校校长。同年8月至1931年9月,任国立第三中山大学、浙江大学劳农学院院长。中国现代第一代生物学教育家之一。

浙江工专和浙江农专开启了浙江省工业、农业高等教育的先河,两校培养出不少杰出人才。

吴觉农（1897—1989）

农学家,我国现代茶叶事业复兴和发展的奠基人。早年就读于浙江省立甲种农业学校,1916年毕业后留校任教。1918年留学日本。1941年创办中国第一个茶叶研究所,任所长。所著《茶经述评》是当今研究陆羽《茶经》最权威的著作。创建了中国第一个高等院校茶业专业和全国性茶叶总公司。1949年参加了全国政协第一届会议,参与共同纲领的制订,参加了开国大典。新中国成立后,曾任农业部副部长。

都锦生（1897—1943）

爱国实业家。1913年就读于浙江公立甲种工业学校机织科,1917年毕业后留校任教。在教学实践中,亲手织出我国第一幅丝织风景画"九溪十八涧"。1922年5月创办都锦生丝织厂,首创丝织风景、人物图像、美术图案等产品,并在上海、南京、汉口、北平、广州、香港等13座城市开设营业所,产品远销东南亚和欧美。1926年,产品在美国费城国际博览会上获金奖,誉满全球。

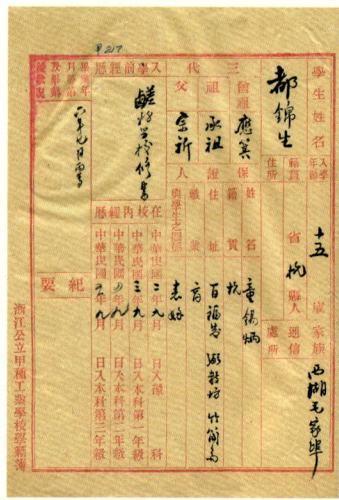

都锦生入学登记卡。

夏　衍（1900—1995）

原名沈乃熙。作家、电影艺术家,我国新文化运动的先驱者之一。1916年入浙江公立甲种工业学校染织科学习。五四运动爆发后,与同学创办当时浙江第一份进步刊物《双十》（从第二期始更名为《浙江新潮》）。1927年加入中国共产党,是中国进步电影的开拓者、领导者。创作有电影剧本《狂流》、《秋瑾传》、《风云儿女》,话剧《上海屋檐下》及报告文学《包身工》等,对20世纪30年代进步文艺产生巨大影响。新中国成立后,历任文化部副部长、中国文联副主席、中国电影家协会主席等。

常书鸿（1904—1994）

敦煌学家、画家。1918年就读于浙江省立甲种工业学校染织科,1923年毕业后留校任教。1927年赴法国留学,1932年以油画系第一名的成绩毕业于里昂国立高等美术学院。1943年筹建敦煌艺术研究所,一生致力于敦煌艺术的研究、保护和修复工作,被称为"敦煌守护神"。

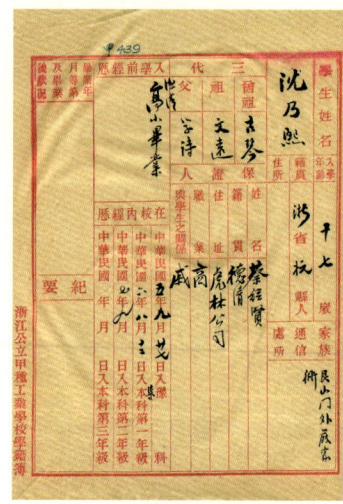

夏衍入学登记卡。

沈西苓（1904—1940）

原名沈学诚。戏剧、电影艺术家。1918年就读于浙江省立甲种工业学校染织科。左翼电影的代表人物，编导拍摄完成的优秀影片有《中华儿女》、《乡愁》、《船家女》、《十字街头》等。

王国松（1902—1983）

电机工程学家、教育家。1920年就读于浙江公立工业专门学校电气机械科，毕业后留校任教。1933年留学回国后，任浙江大学电机系系主任、工学院院长等职。1950年后历任浙江大学副校长、代理校长等。

蔡昌年（1905—1991）

电力系统专家。中国科学院学部委员（院士）。1920年就读浙江公立工业专门学校电气机械科。新中国大电网调度管理体系的主要奠基人之一。

赵九章（1907—1968）

气象学家、地球物理学家。中国科学院学部委员（院士）、"两弹一星"功勋奖章获得者。1925—1927年就读于浙江公立工业专门学校电气机械科。我国宇航事业的奠基人之一。

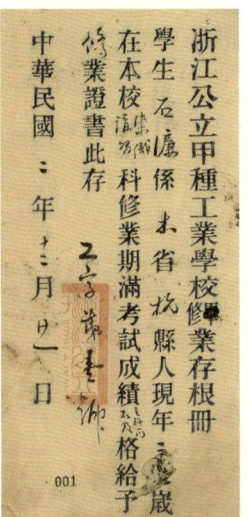

浙江公立甲种工业学校学生修业存根。

成立国立第三中山大学

　　1927年7月，在"大学区制"的背景下，南京国民政府在杭州成立第三中山大学，设址原浙江高等学校，蒋梦麟任校长。8月3日，第三中山大学冠名"国立"，称国立第三中山大学。改组浙江公立工业专门学校和浙江公立农业专门学校为第三中山大学工学院和劳农学院，同时筹办文理学院。

蒋梦麟（1886—1964）

字兆贤。著名教育家。1904年入浙江高等学堂学习，次年中秀才。1912年赴美留学，主攻教育学，获博士学位。1917年归国。曾任孙中山秘书、北京大学校长、浙江省教育厅厅长、大学院院长、教育部长等职。

蒋梦麟长期辅佐蔡元培管理北京大学校务，以学术自由、教授治校等现代西方教育理念对北京大学进行了一系列改革。1926年秋，因北大学潮惹恼北洋军阀被迫南下浙江。1927年出任国立第三中山大学校长。

蒋梦麟担任校长期间，慎选师资，广揽人才，为浙江大学的长远发展储备了比较厚实的师资力量。蒋梦麟重视劳农学院的建设与发展，创办湘湖农场和经济林场，作为农林科学实验和教学实习基地，为后来农学院的进一步发展打下了良好的基础。

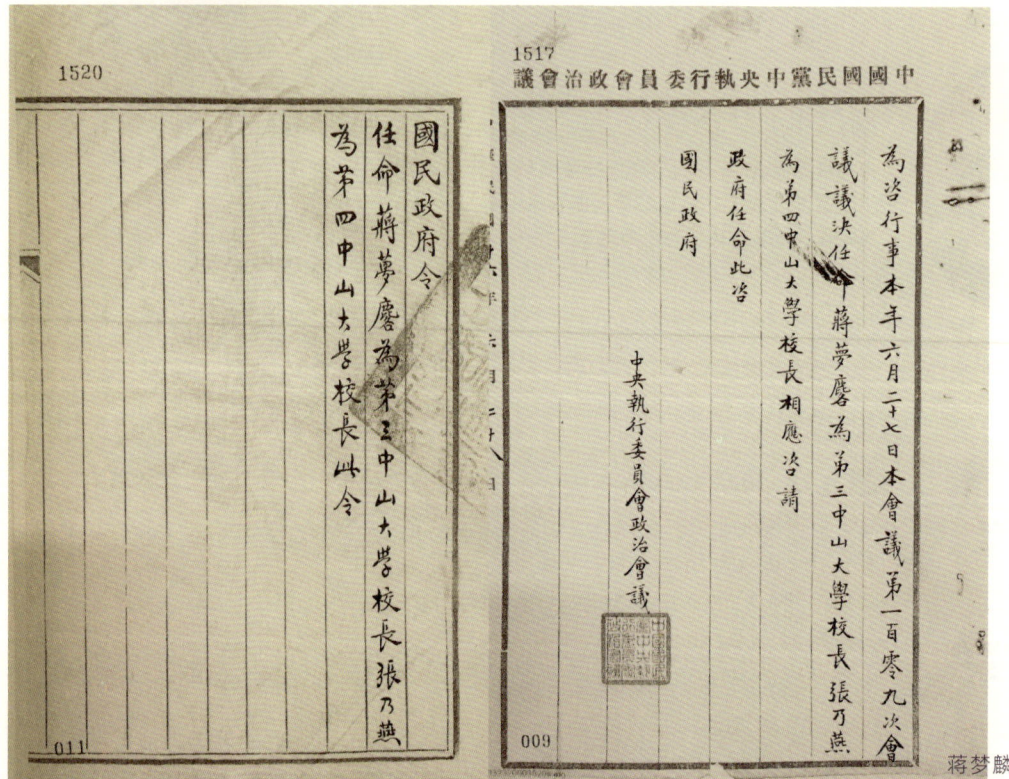

蒋梦麟受命担任第三中山大学校长文件。

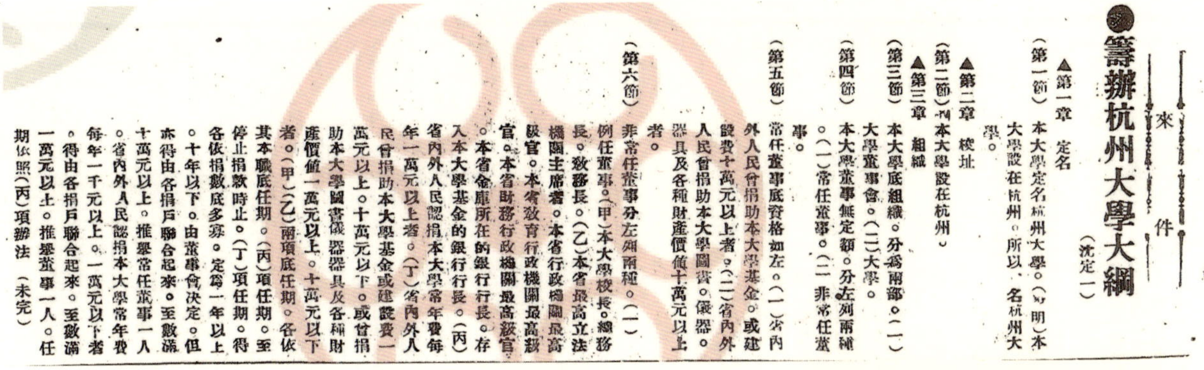

来件

筹办杭州大学大纲（沈定一）

▲第一章 定名

（第一節） 本大學定名杭州大學。（說明）本大學設在杭州。所以，名杭州大學。

▲第二章 校址

（第二節）本大學設在杭州。

▲第三章 組織

（第三節） 本大學底組織。分爲兩部。（一）大學董事會。（二）大學。

（第四節） 本大學董事無定額。分左列兩種。（一）常任董事。（二）非常任董事。

（第五節） 常任董事底資格如左。（一）省內外人民曾捐助本大學基金。或建設費十萬元以上者。（二）省內外人民曾捐助本大學圖書。儀器。器具及各種財產價值十萬元以上者。

（第六節） 非常任董事分左列兩種。（一）例任董事。（甲）本大學校長。總務長。敎務長。（乙）本省最高立法機關主席者。本省行政機關最高級官。本省敎育行政機關最高級官。本省財務行政機關最高級官。本省金庫所在的銀行行長。存入本大學基金的銀行行長。（丙）省內外人民認捐本大學常年費每年一萬元以上者。（丁）省內外人民曾捐助本大學基金或建設費一萬元以上。十萬元以下。或曾捐助本大學圖書儀器器具及各種財產價值一萬元以上。十萬元以下者。（甲）（乙）兩項底任期。各依其本職底任期。（丙）項任期。至停止捐款時止。（丁）項任期。得各依捐數底多寡。定爲一年以上。十年以下。由董事會決定。但亦得由各捐戶聯合起來。至數滿十萬元以上。推舉常任董事一人。省內外人民認捐本大學常年費每年一千元以上。一萬元以下者。得由各捐戶聯合起來。至數滿一萬元以上。推舉董事一人。任期依照（丙）項辦法 （未完）

鉴于浙江高等教育比较薄弱的现状，1921 年 11 月，浙江省议会“审度时势，认为本省有设置大学之必要”，建议筹办杭州大学，咨请浙江省长公署执行。但几经筹备，终未成立。1927 年春，又有筹设浙江大学研究院及浙江大学之议，因经费问题，研究后决定暂缓设置研究院，先筹办大学。图为 1921 年 11 月 17 日刊登于《民国日报》上的《筹办杭州大学大纲》。

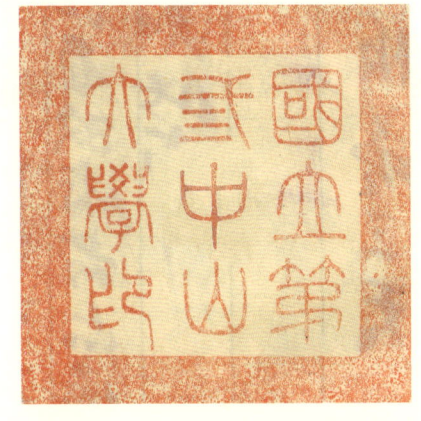

国立第三中山大学印鉴。

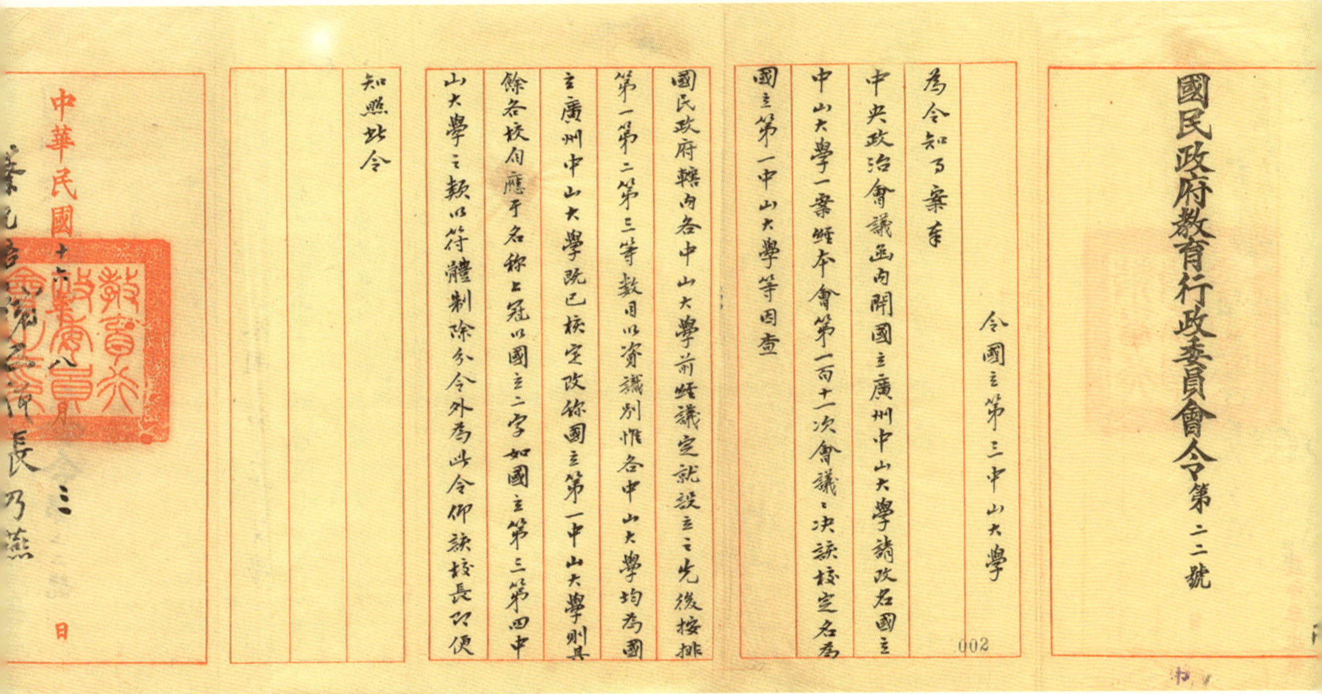

國民政府教育行政委員會令第二二號

令國立第三中山大學

為令知事案奉

中央政治會議函開國立廣州中山大學請改名國立中山大學一案經本會第一百十一次會議決該校定名為國立第一中山大學等因查國民政府轄內各中山大學前經議定就設立之先後按排第一第二第三等數目以資識別惟各中山大學均為國立廣州中山大學既已核定改稱國立第一中山大學則其餘各校自應于名稱上冠以國立二字如國立第三第四中山大學之類以符體制除分令外為此令仰該校長即便知照此令

中華民國十六年八月三日

1927 年 8 月 3 日，国民政府教育行政委员会发布第 22 号令，决定第三中山大学冠名“国立”二字。

1927年浙江省政府通过蒋梦麟提出的国立第三中山大学综理浙江大学区教育行政条例,规定"国立第三中山大学,承中华民国大学院之命,综理浙江大学区内一切教育行政事项,在中华民国大学院未成立时,承国民政府教育行政委员会之命"。图为"第三中山大学条例"(1927年8月1日刊登于《申报》)。

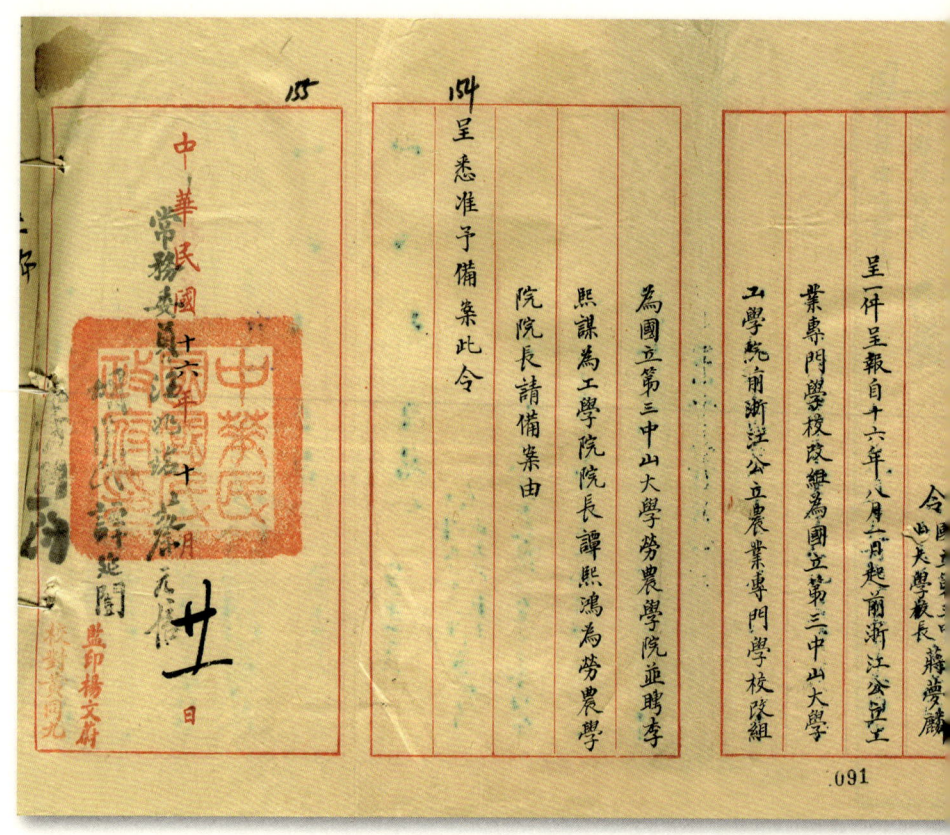

第一章 开物前民求实学（1897—1928）

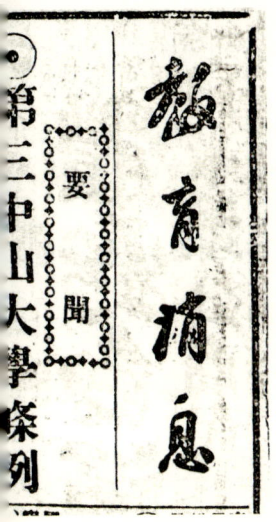

国立第三中山大学校门（摄于1927—1928年间）。

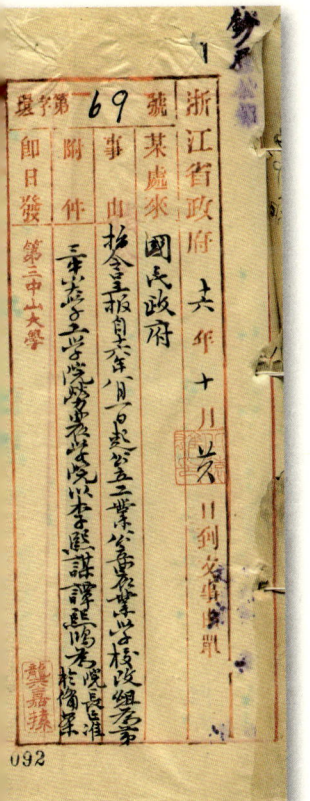

国民政府训令：浙江工专和浙江农专分别改组为国立第三中山大学工学院、劳农学院；任命李熙谋为工学院院长，谭熙鸿为劳农学院院长（1927年10月21日）。

教育之缺乏，若發學之見端矣。民國十二年，始有創設杭州大學之議；因已聘董事，定計劃，增賦稅，集基金矣。乃以軍閥擅政，於提高民智，振興學術，了無誠意；爭奪把赴之際，大學基金，盜用無餘。國軍入浙，百度更始，首議倡設研究院，由省府聘任委員，從事規畫。嗣定浙省設立國立第三中山大學，試行大學區制，由委員等悉心籌劃，以爲大學應設研究院，及文理，社會科學，藝術，醫藥，農學，工學各學院。工學，農學兩院，業就前省立工業，農業兩專門學校，改組成立；藝術院，業經 鈞院在杭州設立；其餘部份，範圍廣大，需費浩繁；同時並設，際此北伐尚未告成，財力委有未逮。竊以文理學院，原擬包括文學，科學，哲學，教育各科；而社會科學，別爲一院。倘兩院可同時並設，則彼此相資；不然，則歷史，社會，經濟，政治各科，均不能與文，哲，教育，劃儼分界，各爲區字。校長愼權緩急，以爲宜將社會科學中應用部份，如法律，商業等，暫時除外，與醫藥學院之年期較長，籌備需時者，統俟稍緩，再行分別籌辦。而以其餘社會科學各科，併入文理學院，首先開辦。蓋物質建設，咸以科學爲始基；心理建設，實以教育爲津逮。文，哲，社會各科，所以造成健全之社會中堅，爲黨國培養優越之服務人材，爲民衆推廣生活之必須知識；則文理學院者，實學術之總滙，庶政所取資，設立宜先，誰云非當！惟是包函既廣，費用自繁。求其大備，則物力猶有未逮；而姑謀具體，圖始又嫌非計。爰將各科之緩急，量爲飭備之重輕。以漸而幾，庶易周洽、各學科苟爲訓練所必須，悉予設置；而先以尤要者八門，列爲主科：曰國文，曰英文、曰數學，曰物理，曰化學，曰歷史政治，曰經濟，曰教育；師資設備，力求完美。別以七門，列爲副科，曰地質，曰生理，曰心理，曰哲學，曰人類學與社會學；曰圖畫，曰體育；完備亞於主科。學生修習之主要科目，暫限於此所謂主科者八門；而輔助科目，則主副各科，皆可以供選擇。其餘各科，暫時僅供應用，不爲深造之資。一俟經費稍裕，則當求各副科內容之充實，以次升作主科，再以次及於普通各科。如此則先有確定之重心，徐圖平均之發展，偏狹散漫，庶可免旃。謹本此旨，並依最低限度，先行擬具開辦費及第一年經常費各數目預算，揩呈 鈞核，並請迅將預算核准，咨送 財政部轉函浙江省政府並令行浙江省政府財政廳於國稅項下就近照撥！其文理學院詳細章程，容俟妥擬再行呈核。所有籌設文理學院，擬具預算。並請轉咨 財政部各緣由，理合呈請

鈞院迅賜鑒核，指令遵行！謹呈

中華民國大學院

第44-45頁

教育公報

● 附大學院指令浙江大學長蔣夢麟 大學院指令第三四八號 十七年四月十一日

呈及預算書，均悉。所擬辦法，尚屬切實可行，惟開辦時期，已否確定？第一年經常費，究應自何月起支？社會科學院，將於何時完全成立？仰即詳細呈復，以憑核對。預算書存。此令！

第45頁

浙江大学为筹设文理学院给大学院的报告及大学院批文。

劳农学院由原浙江公立农业专门学校改组而来,下设农艺、森林、园艺、蚕桑、农业社会五科。1929年改称农学院。图为农学院全景。

> ⊙浙江大学校长蒋梦麟来呈(大学院来文第一四六九号)为筹设文理学院拟具简章呈请鉴核由
>
> 呈为筹设文理学院,拟具简章,呈祈鉴核事:窃浙江文物风著,学校之设,远在维新之初;乃三十年来,迄无大学之设置。省民高等教育,仅限于三数专门学校,学子负笈东西,习则日本欧美,且际年荒,重费仰劳,非苟……

工学院由原浙江公立工业专门学校改组而来,下设电机工程、化学工程、土木工程三科。图为工学院部分校舍(摄于20世纪20年代)。

1928年文理学院正式建立,原浙江高等学校校长邵裴子任院长。文理学院开设本科10个学门:中国语文门、外国语文门(先设英文部)、哲学门、数学门、物理学门、化学门、心理学门、史学与政治学门、体育学门、军事学门。图为文理学院外景(摄于20世纪20年代)。

竺可桢认为：

"一个学校实施教育的要素，最重要的不外乎教授的人选，图书仪器等设备和校舍建筑。这三者之中，教授人才的充实，最为重要。"

"教授是大学的灵魂，一个大学学风的优劣，全视教授人选为转移。"

1928—1937 国有成均展宏图

1928—1937年的早期国立浙江大学，不仅是自求是书院到浙江高等学校的办学延续，更重要的是，她使得"求是"传统得以继承和发展。在此期间，学校在教学、科研、实验等方面取得了初步成效，现代大学的办学架构逐渐成型，办学水平不断提升。

第二章
国有成均展宏图（1928—1937）

1928年2月，国立第三中山大学改名为"浙江大学"；5月，定名为"国立浙江大学"。蒋梦麟、邵裴子、程天放、郭任远、竺可桢先后出任校长。

国立浙江大学注重教学与科研相互促进，办学育人与服务社会相互结合。文理学院强调"士流"教育，致力于学术研究，提倡对学生"灌输科学知识"，注重养成"忠实勤敏之士风"，培养"通达明敏社会服务人才"。工学院和农学院坚持"手脑并重"的优良传统，将科学实验和工场、农场、林场的教学实习放在重要地位，创办了湘湖农场和经济林场，以更加便于教学、科研与实践的结合。农学院还致函全国各省政府，征集农作物优良品种。这一活动既推动了学校教学和科研活动，也为我国现代农业科学研究和良种推广作出了重要贡献。

这一时期学校的规模有所发展，科系设置也随社会需求和教育部、浙江省政府的指令变动，渐趋完善。至1937年，工学院设电机、化工、土木、机械四学系；农学院设农艺、园艺、植物病虫害、蚕桑、农业经济五学系；文理学院设外国语文、教育、史地、数学、物理、化学、生物七学系。同时代办浙江省立杭州高级工业职业学校和浙江省立杭州高级农业职业学校（简称高工、高农，两校性质为中等职业专门学校）。

1935年12月，浙大学生掀起反对校长郭任远的风潮，迫使国民政府免除郭任远校长职务，另派当时深孚众望的著名学者、气象学家竺可桢出任浙江大学校长。竺可桢早年留学美国哈佛大学，深受现代大学制度的浸润，对于怎样办好一所大学具有独特的思想与主张。他认为："一个学校实施教育的要素，最重要的不外乎教授的人选，图书仪器等设备和校舍建筑。这三者之中，教授人才的充实最为重要。""教授是大学的灵魂，一个大学学风的优劣，全视教授人选为转移。"秉承"教授为重"的办学理念，竺可桢出任校长以后，推进各项民主管理改革举措，改善办学条件，赢得了师生的信任与爱戴。

1928—1936年的早期国立浙江大学，不仅是自求是书院到浙江高等学校的办学延续，更重要的是，她使得"求是"传统得以继承和发展。在此期间，学校在教学、科研、实验等方面取得了初步成效，现代大学的办学架构逐渐成型,办学水平不断提升。特别是著名科学家、教育家竺可桢出任国立浙江大学校长,是这一时期的重大转折点,他所带来的先进的教育理念和办学思想、躬身力行坚韧不拔的毅力及人格魅力,是浙江大学后来在西迁中崛起和长远发展的重要精神力量和保障。

历任校长一览

校名	姓名	任期
浙江大学	蒋梦麟	1928.02—1928.05
国立浙江大学	蒋梦麟	1928.05—1930.07
	邵裴子	1930.07—1932.03
	程天放	1932.03—1933.03
	郭任远	1933.03—1936.04
	竺可桢	1936.04—1949.05

定名国立浙江大学

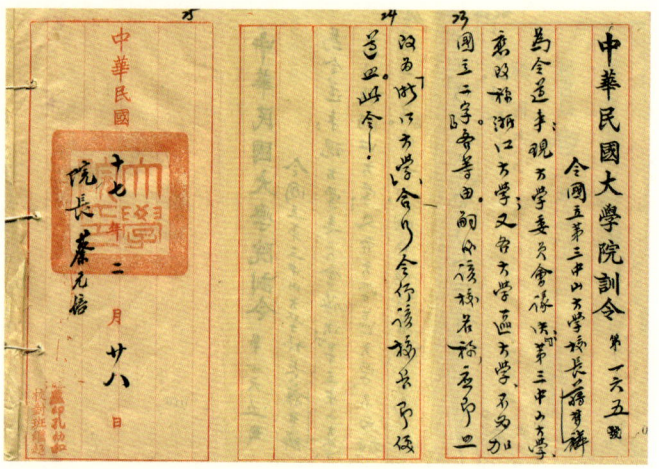

大学院院长蔡元培签署关于第三中山大学改称为浙江大学的第165号训令（1928年2月28日）。

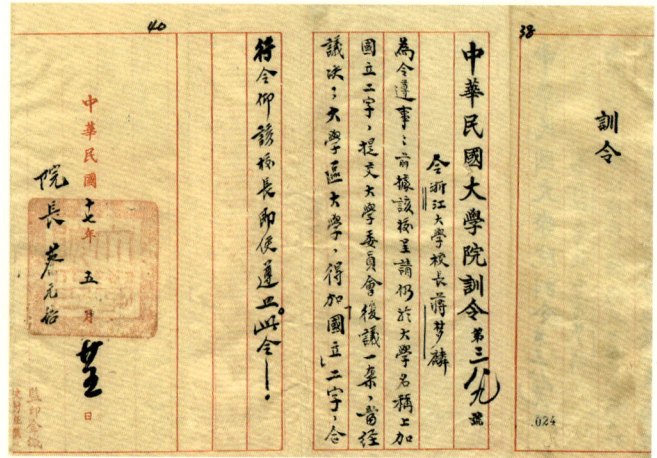

大学院院长蔡元培签署第389号训令，批准浙江大学前冠以"国立"，称国立浙江大学（1928年5月25日）。

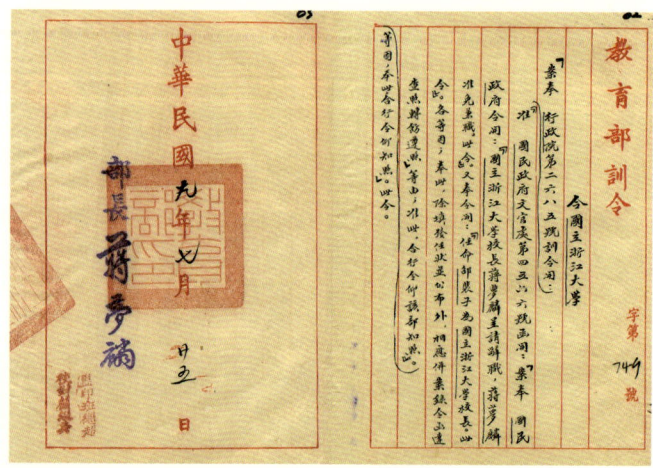

国民政府教育部任命邵裴子为国立浙江大学校长训令（1930年7月25日）。

延聘著名学者专家

国立浙江大学定名后,汇聚了钱宝琮、陈建功、苏步青、贝时璋、蔡堡、邵裴子、郑晓沧、刘大白、郭任远、李寿恒、顾毓琇、金善宝等一大批优秀师资。

李寿恒(1898—1995)

化学工程学家、教育家。1927—1960 年,先后任浙江公立工业专门学校、国立第三中山大学工学院、浙江大学工学院教授,化工系主任,工学院副院长、院长,浙江大学教务长、副校长等职。在浙江大学创建了我国高校中第一个化学工程科系,开我国化学工程教育之先河。

郭任远(1898—1970)

现代心理学家。1928 年任浙江大学教授。1933 年 3 月至 1936 年 4 月任浙江大学校长。在比较心理学实验研究上的贡献,使其成为国际著名的行为主义学派学者。著有《心理学中的反遗传运动的结果》《变态的行为》《三十年来行为的研究》等。

钱宝琮(1892—1974)

数学史家、数学教育家。1928—1956 年,任浙江大学数学系副教授、教授,其间曾任数学系主任。中国数学史学科的奠基者之一。

顾毓琇(1902—2002)

教育家、科学家、诗人。1929—1931 年任浙江大学工学院电机工程科主任。现代自动控制理论体系开创者之一。在话剧、音乐、诗词、佛学等方面的精深造诣使他成为广为人知的天才学者。

金善宝(1895—1997)

农学家,中国科学院学部委员(院士)。1932—1935 年任教于浙江大学农学院。早期育成的小麦优良品种最大年种植面积达 7000 多万亩,为我国小麦增产作出了重大贡献。发现并定名了我国独有的普通小麦亚种——云南小麦。

蔡 堡(1897—1986)

生物学家。1934 年起,先后任浙江大学生物系教授、主任,理学院院长。对生物发生、发展史和胚胎学的研究具有重要贡献。

初具现代大学格局

国立浙江大学建校初期以求是书院旧址为校址,并扩建校舍,开辟农场,添加图书设备,逐步完善办学条件,为日后发展奠定了基础。图为国立浙江大学校门(摄于20世纪30年代)。

国立浙江大学教室。

位于笕桥的农学院(摄于20世纪30年代)。

学校秘书处办公场景(摄于20世纪30年代)。

电机实验室(摄于20世纪30年代)。

物理化学实验室(摄于20世纪30年代)。

化学实验室(摄于20世纪30年代)。

心理学系动物研究所。

华家池农学院温室。这是当时远东地区最大的温室（摄于20世纪30年代）。

1927年，劳农学院筹建植物园。在杭州笕桥辟地50亩，搜集植物2000余种。1929年，植物园正式建成，称"国立浙江大学农学院植物园"，为我国最早的大学植物园。

1934年，浙江大学在华家池购地兴建农学馆，时任国民政府教育部部长王世杰、交通部部长朱家骅、浙大校长郭任远等参加农学馆奠基典礼（摄于1934年4月15日）。

国立浙江大学文理学院全体学生与教职员合影（摄于1932年5月）。

浙江大学代表队参加省运动会（摄于1936年）。

1934年8月，农学馆建成，农学院随后迁入华家池校园。农学院原在笕桥的校舍让与中央航空学校。图为当时新建成的华家池校园农学馆大楼。

根据浙江省教育厅的要求，1933—1937年，由浙江大学代办浙江省立高级工业职业学校和浙江省立高级农业职业学校，一批知名科学家和学者名流正是从这儿起步。图为2008年度国家科学技术最高奖获得者徐光宪在高工学习时的学籍卡。

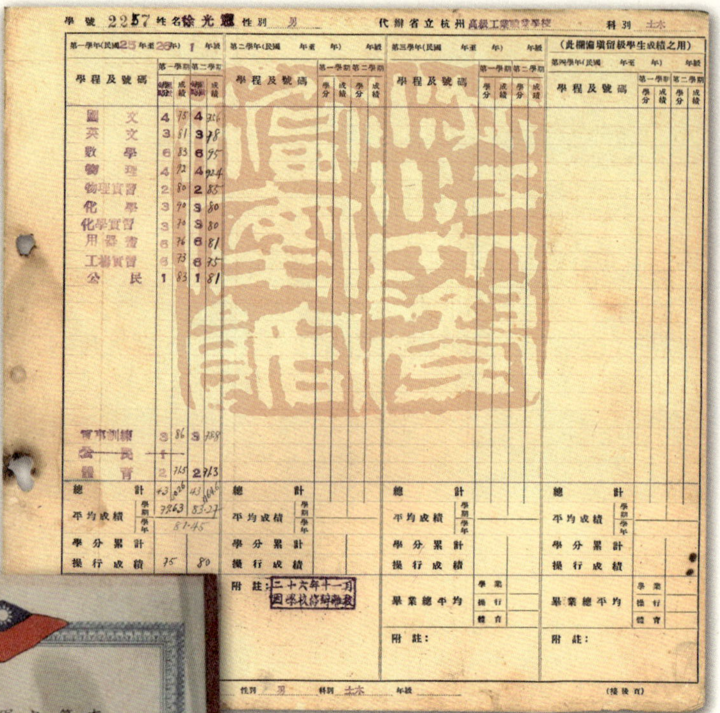

著名画家吴冠中就读高工时在校军事教育期满证明书。

国立浙江大学工学院全体学生合影（摄于1930年4月）。

浙江大学工学院师生一行18人赴日本考察，行前在上海码头合影（摄于1929年3月29日）。

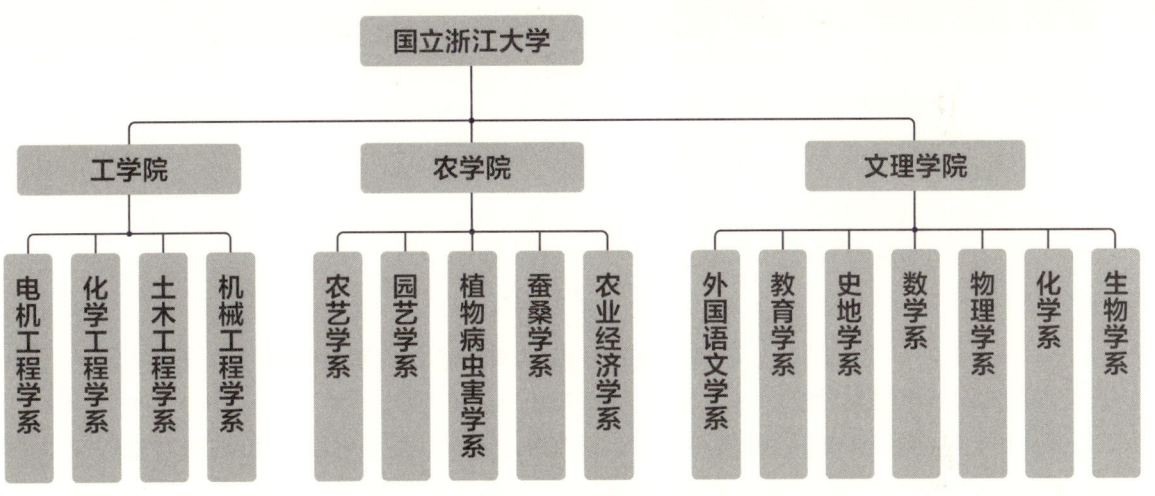

经过十年的发展，学校的办学架构已趋规范合理。图为1937年时国立浙江大学院系设置。

竺可桢出任校长

竺可桢（1890—1974）

字藕舫。中国科学院院士（学部委员）。气象学家、教育家。早年留学美国，获哈佛大学博士学位。1918年归国后，历任东南大学地学系主任、中央研究院气象所所长、中国科学社社长等职。1936年4月，任国立浙江大学校长。新中国成立后，出任中国科学院副院长等职。

　　1935年，"一二·九"运动在北平爆发，掀起全国抗日救国新高潮。浙大学生在学生自治会主席施尔宜、副主席杨国华领导下，联合杭州中等以上学校学生万余人，上街游行示威，声援北平学生，反对华北自治，受到校长郭任远的阻挠和破坏。此举激起了浙大师生的愤慨，引发了长达4个月的"驱郭运动"，并迫使国民政府免除郭任远校长职务。经学者名流推荐，国民政府决定，任命竺可桢为国立浙江大学校长。

　　任浙大校长后，竺可桢着力革除弊政，多方聘选优秀教授充实师资；以"教授为大学的灵魂"，实行教授治校；加强民主管理，尊崇思想自由；注重通才教育，推动科学研究。抗日战争全面爆发后，率领全校师生员工及部分家属，携带大批图书资料和仪器设备，一路西迁，转辗办学。在艰难的西迁办学中，确定"求是"校训，倡导求是精神，使学校有了很大的发展，崛起为当时国内具有重大影响的几所著名大学之一，被英国著名学者李约瑟称誉为"东方的剑桥"。

　　竺可桢在气象学、地理学与自然资源考察、科学普及、科研管理和诸多科学文化领域作出杰出贡献，毕其一生研究而形成的著作《中国近五千年来气候变迁的初步研究》，引起了世界轰动。

　　竺可桢办学业绩卓著，科研成果卓越，被誉为"我国近代科学家、教育家的一面旗帜，地理学界、气象学界的一代宗师"。

竺可桢教育名言选摘

- 教授是大学的灵魂,一个大学学风的优劣,全视教授人选为转移。

- 一个学校实施教育的要素,最重要的不外乎教育的人选,图书仪器等设备和校舍建筑。这三者之中,教授人才的充实,最为重要。

- 大学教育的目标,决不该是造就多少专家如工程师医生之类,而尤在乎养成公忠坚毅、担当大任、主持风会、转移国运的人才。

- 所谓求是,不仅限于埋头读书或是实验室做实验。求是的路径,《中庸》说得最好,就是"博学之,审问之,慎思之,明辨之,笃行之"。

- 诸位求学,应不仅在科目本身,而且要训练如何能正确地训练自己的思想。

- 科学精神就是"只问是非,不计利害"。这就是说,只求真理,不管个人的利害,有了这种科学的精神,然后才能够有科学的存在。

- 科学家应取的态度应该是:(一)不盲从,不附和,一以理智为依归。如遇横逆之境遇,则不屈不挠,不畏强御,只问是非,不计利害。(二)虚怀若谷,不武断,不蛮横。(三)专心一致,实事求是,不作无病之呻吟,严谨整饬,毫不苟且。

诸位在校,有两个问题应该
第一,到浙大来做什么?
第二,将来毕业后做什么样

1936年9月18日,竺可桢向同学发表演讲时提出:"诸位在校,有两个问题应该自己问问:第一,到浙大来做什么?第二,将来毕业后做什么样的人?"直到今天,这二问仍然是每一个进入浙江大学的学生思考人生的必答考题。图为竺可桢1937年摄于杭州的照片。

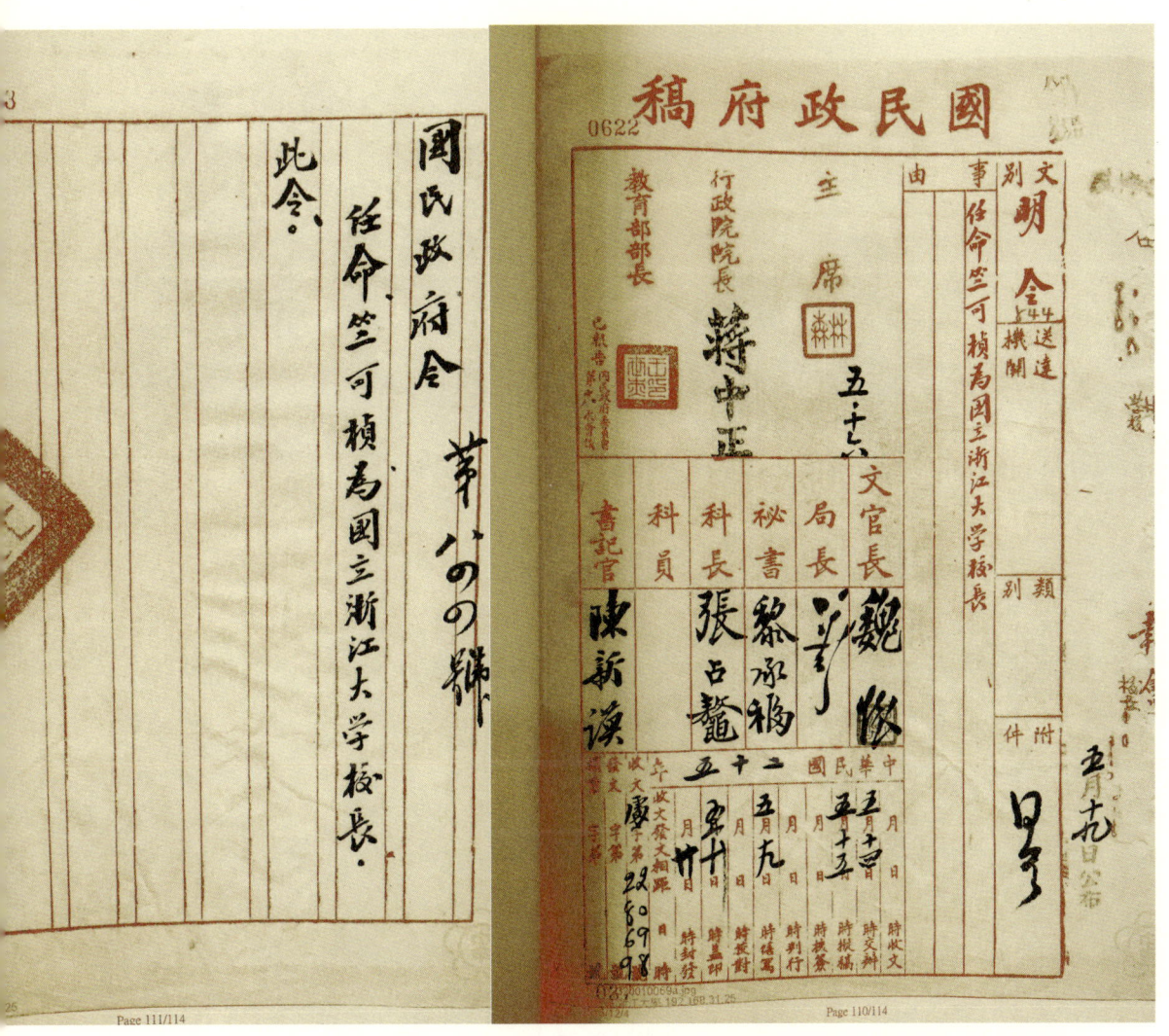

1936年5月,国民政府令第844号:任命竺可桢为国立浙江大学校长。

1937–1946

文军长征奋崛起

1937年9月，战火漫延，杭州危在旦夕。为延续文脉，为国育才，浙江大学决定举校迁徙、异地办学。竺可桢率领师生员工及部分教职员家属，携带大批图书资料和仪器设备，历尽艰辛，一迁浙江於潜、建德，二迁江西吉安、泰和，三迁广西宜山，1940年1月到达贵州遵义、湄潭，在此办学近7年。西迁行程2600余公里，足迹涉及浙、闽、赣、湘、桂、粤、黔等7省。

第三章
文军长征奋崛起 (1937—1946)

在20世纪上半叶,中华大地发生了两次具有重大历史意义的大迁徙。一次是举世闻名的中国工农红军两万五千里长征,将中国革命的大本营转移到了西北,为开展抗日战争和发展中国革命事业创造了条件;还有一次是抗日战争全面爆发前后,中国知识分子和民族精英从敌占区撤离,辗转办学、艰苦卓绝的跋涉历程,为保存、延续和发展民族科技文化实力作出了重大贡献。浙江大学西迁办学就是当时大学迁徙中的一个典型案例,1986年,时任全国人大常委会委员长彭真,将浙大西迁办学誉为"文军长征"。

1937年"七七事变",抗日战争全面爆发。不久,战火漫延江南,杭州危在旦夕。为延续文脉,为国育才,浙江大学决定举校迁徙、异地办学。1937年9月开始,竺可桢率领师生员工及部分教职员家属,携带大批图书资料和仪器设备,历尽艰辛,一迁浙江於潜、建德,二迁江西吉安、泰和,三迁广西宜山,1940年1月到达贵州遵义、湄潭,在此办学近7年。西迁行程2600余公里,足迹涉及浙、赣、湘、桂、粤、黔、闽等7省。与此同时,还在浙东设龙泉分校。

在竺可桢校长的大力倡导和身体力行下,浙江大学师生注重良好学风的养成,学校正式确立"求是"为校训,聘请国学大师马一浮撰写浙大校歌歌词。浙大校歌以传承和弘扬"启尔求真"的科学精神、"开物前民"的创新精神、"无曾于宗"的合作精神、"海纳江河"的开放精神和"树我邦国"的爱国精神为核心内涵,对"求是"精神作了深入阐发,丰富和发展了浙大文化,影响深远;学校实施"教授治学、民主管理"的治校模式,充分发挥教授在人才培养、科学研究、校务管理等方面的重要作用,为浙江大学的发展创造了良好制度保障。

这一时期浙江大学的办学规模不断壮大。西迁前的浙大仅有文理、工、农3个学院,16个学系。截至1946年秋浙江大学复员回杭时,已经有文、理、工、农、法、医、师范等7个学院,26个学系,还有1个研究院(含4个研究所、1个研究室、5个学部)、1所分校(即龙泉分校,设有8个学系)、2个先修班及1所附属中学。学生也由原来的600余人增加到2000余人。在校教授、副教授人数由1936年的70人增加到

第三章 文军长征奋崛起（1937—1946）

201人，几近3倍。

历经西迁磨难的浙江大学不但没有因为环境恶劣、条件艰苦而使办学受到影响，反而在艰苦的辗转办学中，汇聚名师，培育精英，成绩斐然。据统计，1937—1946年间任教或工作于浙江大学，后来成为中国科学院院士、中国工程院院士的教师有27位之众，就学或毕业于浙江大学、后来成为中国科学院院士、中国工程院院士的学生有27位之多。这一时期浙江大学的科学研究取得了辉煌成就，在国际学术界赢得很高声誉。

1944年10月，英国剑桥大学生物学家、科技史学家李约瑟博士实地考察了浙江大学之后，对浙大在艰苦条件下的学术空气之浓、师生科研水平之高十分惊叹，称之为"中国最好的四所大学之一"，盛赞浙大是"东方的剑桥"。

浙江大学西迁路线示意图。

於潜、建德办学

1937年9月，战事迫近杭州，浙江大学决定将1937级新生先行迁入相对偏僻的浙江省於潜县西天目山禅源寺（现属浙江省临安市）办学。10月，导师制在此正式施行。导师制的施行，密切了师生关系，是浙江大学在西迁办学中的一次重要制度创新。图为竺可桢与潘承圻、舒鸿教授考察禅源寺（摄于1937年初秋）。

立于西天目山禅源寺内的浙江大学西迁办学纪念碑（摄于2015年）。

第三章 文军长征奋崛起（1937—1946）

1937年11月，杭州本部的浙大师生分批迁往距杭州西南约120公里的建德梅城，图书仪器随迁。临时校舍、办公室分设在林场、天主堂、孔庙等处，宿舍则分布在中心小学、万源当、东门街一带的民房。图为浙江建德梅城的牌坊（摄于1937年12月）。

竺可桢在建德时的住所孙宅（摄于20世纪80年代）。

梅城方宅，时为学校总办公室（摄于20世纪80年代）。

严州中学，时为浙大一年级新生的住所。

建德乌龙山下的浙大农场（摄于1937年）。

浙江大学电机系刘奎斗、洪鲲、汤兰九、程羽翔、王家珍、虞承藻,化工系黄宗麟,化学系李建奎,数学系程民德,土木系丁而昌、吉上宾、陈家振等12位学生投笔从戎,参加浙东战场游击队。图为12位同学入伍前合影(摄于1937年)。

文澜阁藏《四库全书》。

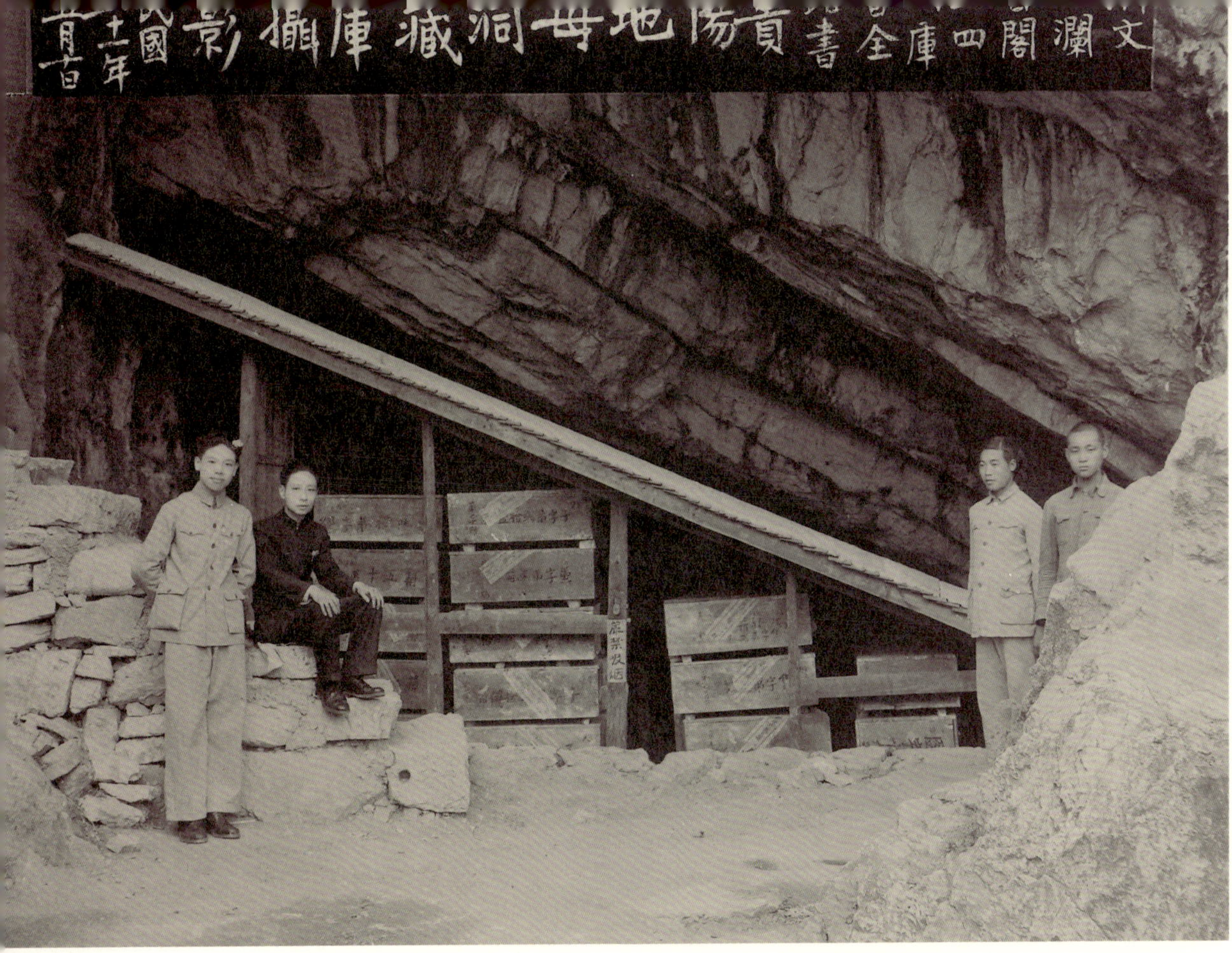

为抢救保存杭州文澜阁藏《四库全书》，以免落入日寇之手，浙大在西迁伊始就协同浙江图书馆搬运《四库全书》至建德。1939 年，最终将《四库全书》搬迁到贵州省贵阳地母洞。竺校长曾几次到地母洞了解情况并作保藏指导。图为贵阳地母洞藏书库（摄于 1942 年 5 月 10 日）。

04

教育部快郵代電

事由

江西吉安國立浙江大學竺希派員協同浙省府將四庫全書運往安全地點運費可由部支給並希迅將辦理情形電呈教育部漢世印

中華民國廿七年一月卅一日發

復文請註明左列字號 廿七年發漢教第二三八號

003

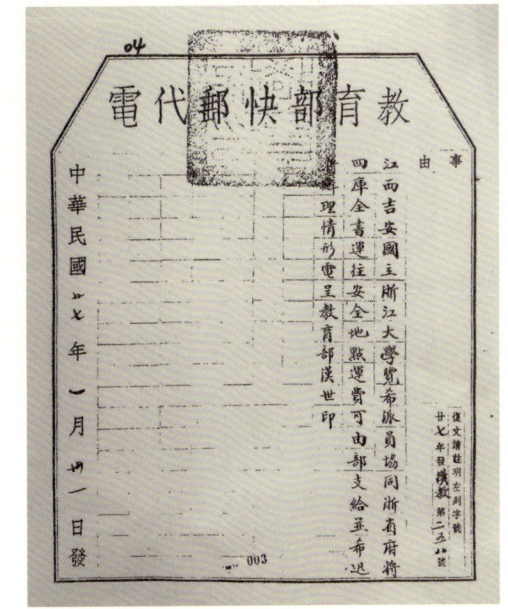

民国政府教育部致浙江大学关于派员协同浙省政府将“四库全书”迁往安全地点，并将办理情形电呈教育部的电报（1938 年 1 月 31 日）。

吉安、泰和办学

1937年底,杭州沦陷。浙大师生被迫离开建德,再次迁徙,踏上赴赣历程。学生和教职工及眷属分批经金华、玉山、樟树,于次年1月抵江西吉安、泰和。图为浙大师生乘坐民船从建德赴兰溪途中(摄于1937年12月)。

兰溪西乡渡船(摄于1937年12月)。

浙大迁到吉安后,教职员住在乡村师范,眷属租用当地民房,学生则全部入住白鹭洲上的吉安中学,并借用乡村师范和吉安中学校舍暂行上课。图为吉安中学,当时曾为浙大临时校舍(摄于20世纪80年代)。

第三章 文军长征奋崛起（1937—1946）

泰和大原书院，时为浙大总务处和一年级教室。图为浙大教师在书院前合影（摄于1938年）。

泰和萧氏祠堂，曾为浙大大礼堂（摄于1981年）。

浙江大学部分教师马一浮（右七）、梅光迪（右八）、张其昀（右五）、祝文白（右三）、王驾吾（右二）、陈训慈（右一）等在浙大图书馆前合影（1938年摄于江西泰和）。

国立浙江大学第十一届毕业生合影（1938年6月摄于江西泰和）。这是西迁途中的第一届毕业生。

泰和华阳书院，时为浙大农学院（摄于1938年）。

泰和上田村遐观楼，曾为浙大图书馆（摄于1981年）。

第三章 文军长征奋崛起（1937—1946）

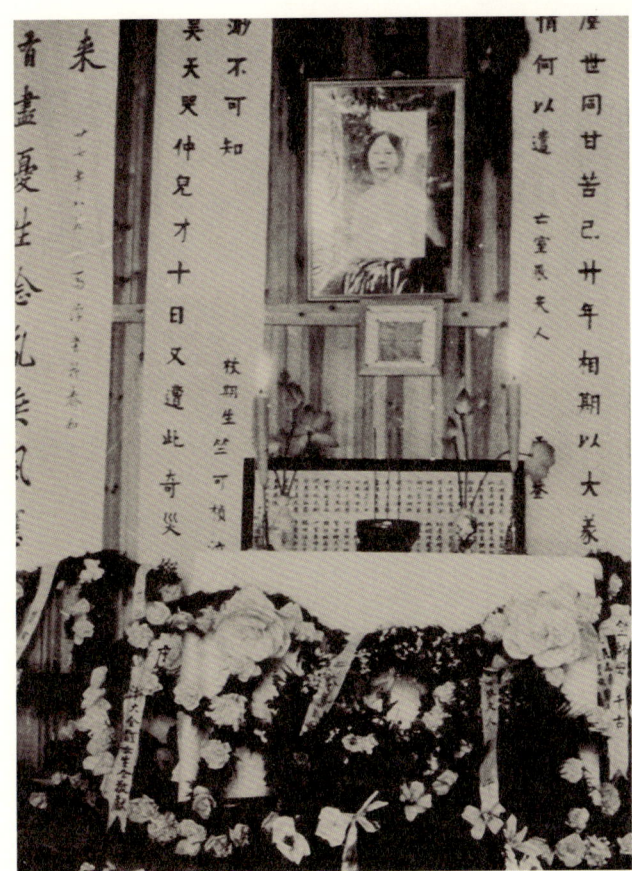

西迁办学途中，医药条件极差。竺校长夫人张侠魂与次子竺衡感染疟疾，因缺医少药相继病殁，令师生悲恸不已。图为张侠魂追悼会现场（摄于1938年）。

浙大在泰和办学期间，积极为地方社会发展作出贡献。当地屡遭赣江水害，浙大与地方水利部门和县政府三方合作修筑防洪堤，浙大负责全部技术工作。防洪堤全长7.5公里，有效防治了水害。图为赣江大堤上的"浙大码头"（摄于1981年）。

为使当地农村儿童和搬迁中的浙大教职工子弟得到比较良好的教育，浙大在泰和创设了澄江学校，对当地教育事业的发展起到了推动作用。

浙大协助开辟的沙村垦殖场。

宜山办学

1938年7月末,日军占领九江,浙大在泰和已无法上课。竺可桢校长经实地勘察,决定迁往广西宜山。

1938—1939年,浙大的规模稍有发展。1938年8月,增设师范学院。1939年夏,文理学院分为文学院和理学院。

图为宜山浙江大学校舍远景(摄于20世纪30年代)。

浙大师生到达宜山之后，生活极为艰苦，尤其是由于当地气候、环境的影响，师生受尽疟疾的威胁，相继患病者多达二百余人。图为竺可桢记述当时疫情的日记（1939年1月24日）。

浙大迁到宜山后,以原工读学校为总办公室,文庙、湖广会馆为礼堂、教室,并在东门外标营搭盖草屋为临时教室和学生宿舍。图为宜山文庙全景。

浙大标营教室(摄于1939年春)。

1939年2月5日，日军18架飞机猛烈轰炸标营浙大校舍，学校损失惨重，计炸毁大礼堂1座，新教室14间，宿舍8间，办公室、阅报室、厨房等10余间，自杭州出发一直随带的一架钢琴也被炸毁，所幸全校人员无一遇难。校务会议决定拨款救济，并征得教师同意后以教职员月薪十分之一作为捐助，分配给受灾同学。上二图为校舍被炸后景况（摄于1939年2月5日）。

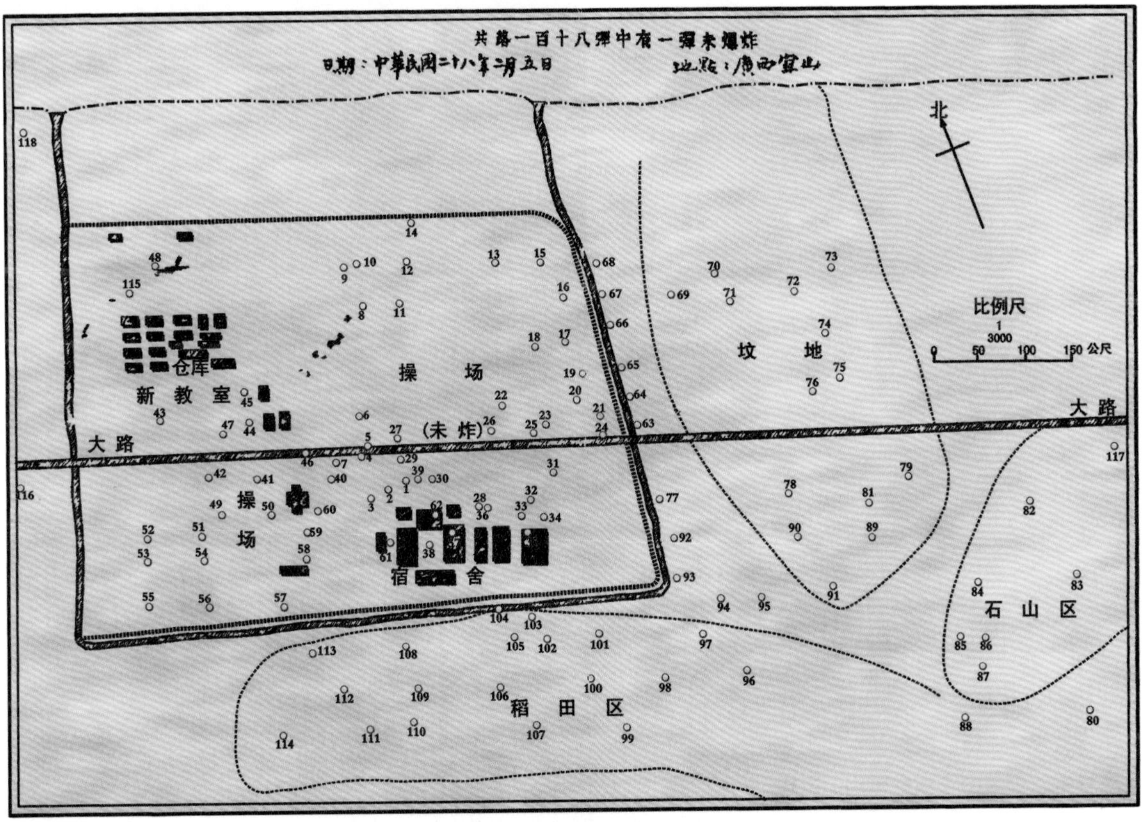

学校调查标营被炸情况时绘制的落弹分布情况图。日军共向浙大标营一带投弹118枚之多。

浙大西迁时采集了大量的昆虫标本,作为教学科研之用。图为1939年采于广西宜山的昆虫标本。

生物系教师与毕业生合影(摄于1939年。前排左四为谈家桢、左五为蔡堡、左七为张孟闻、左八为贝时璋)。

第三章 文军长征奋崛起（1937—1946）

部分学生与教师在宜山合影（摄于 1940 年）。

龙泉办学

浙江大学总部西迁后,浙江籍高中毕业生和福建、安徽、江西以及离沪青年学生,由于交通或经济关系,不能去内地大学升学者越来越多。经教育部同意,1939年7月浙江大学在浙江龙泉成立分校,分校共设文、理、工、农、师范五个学院。图为龙泉分校浙大教工宿舍全景(摄于1941年10月)。

龙泉分校培养了大量优秀学生,谷超豪、朱兆祥、何志均等学术名家都曾于此求学。图为龙泉分校学生在做生物实验后合影(摄于1942年)。

1939年,龙泉分校录取正取生120名,备取生30名。10月1日开学,11日正式上课。图为龙泉分校校址曾家大屋。

龙泉分校所在地原名坊下村。在一次师生集会上，分校主任郑宗海（晓沧）观四野景色，即兴改名为"芳野"，从此芳野村留名至今。图为龙泉分校远景（摄于1941年10月）。

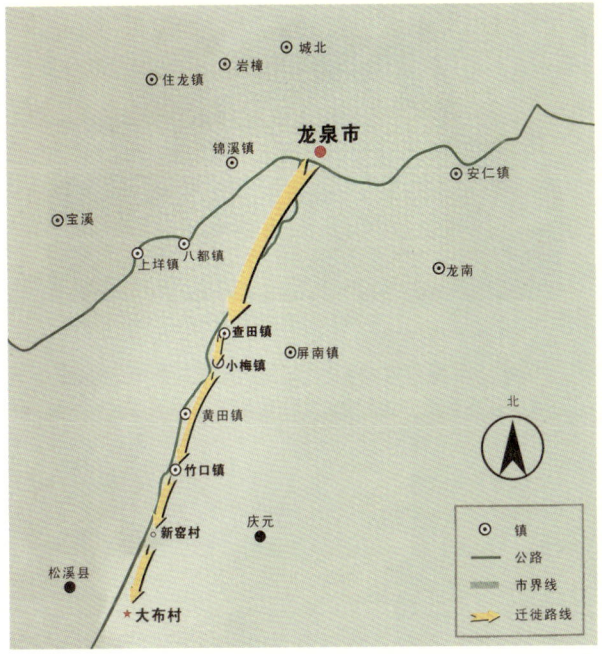

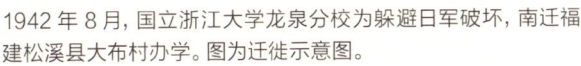
1942年8月，国立浙江大学龙泉分校为躲避日军破坏，南迁福建松溪县大布村办学。图为迁徙示意图。

陈训慈（1901—1991）

字叔谅。1936年8月任史地学系教授，1939年任龙泉分校第一任主任。

郑宗海（1892—1979）

字晓沧。教育学家。1906—1912年就读于浙江高等学堂。1929年起，任国立浙江大学教授，并创办教育学系。1940年，任龙泉分校主任。1943年任教育系系主任、研究院院长。1949年后任浙江师范学院、杭州大学教授。

遵义、湄潭办学

1939年11月25日,广西南宁陷落。在宜山的浙大已不安全,学校在派人去贵州遵义和云南建水等地勘察新校址后,最终决定迁往贵州遵义、湄潭。1940年1月,浙大师生到达遵义。图为遵义全貌(摄于1940年)。

1940年1月,学校在贵阳之南青岩设一年级分校,10月一年级分校移至湄潭永兴。图为青岩办学旧址龙泉寺(摄于20世纪80年代)。

遵义子弹库浙大临时校本部(摄于20世纪40年代)。

第三章 文军长征奋崛起（1937—1946）

遵义浙江大学校舍分布图。

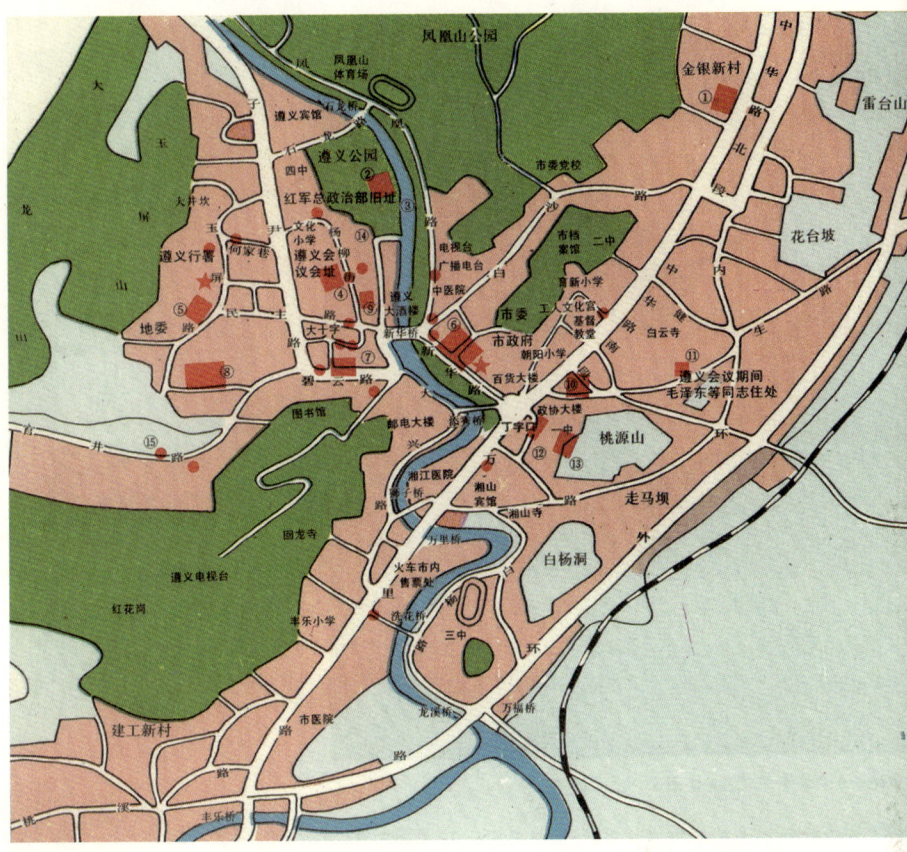

1. 实验室（一）（川主庙）
2. 工学院实验工场（柏家堰坎旁）
3. 游泳池
4. 女学生宿舍（杨柳街）
5. 男生宿舍（遵义师范校址）
6. 教务处、教室、男生宿舍（何家巷3号、5号）
7. 文科研究所史地学部（水硐街）
8. 总务处、校长办公室（子弹库）
9. 男生宿舍（唐家祠堂）
10. 男生宿舍（老邮局）
11. 实验（二）（新东门）
12. 纪念周会场（播声电影院）
13. 图书馆（江公祠）
14. 竺校长住处（碓窝井9号）
15. 费巩教授住处（石家堡）
● 均为教授住处（民房）

遵义杨柳街，时为女生宿舍（摄于20世纪40年代）。

遵义师范学校中的浙大校舍（摄于20世纪40年代）。

遵义河滨的校办工厂及工学院实验室（摄于20世纪40年代）。

遵义湘江，时为浙江大学师生游泳场所（摄于20世纪40年代）。

遵义江公祠浙大图书馆大门。

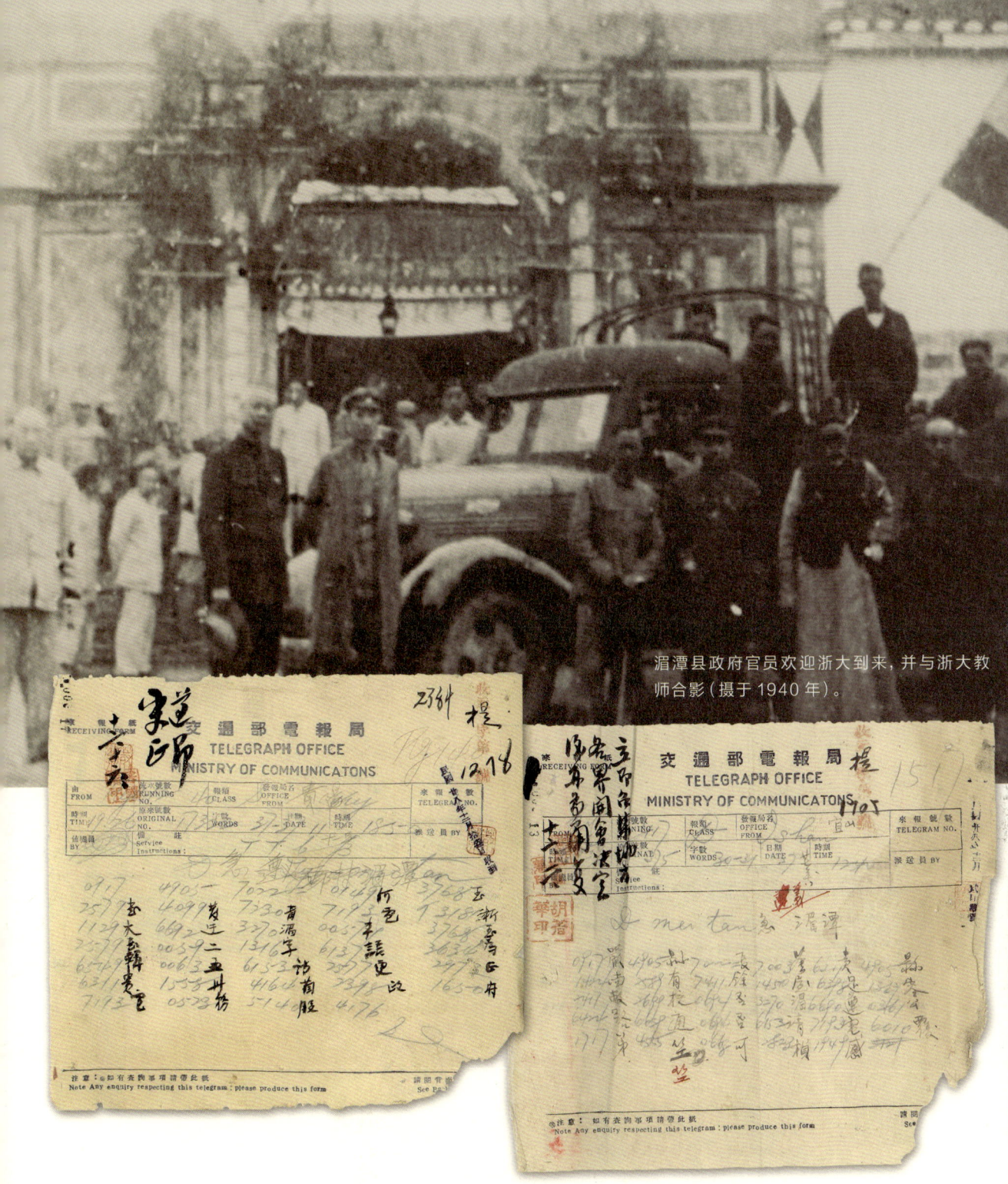

湄潭县政府官员欢迎浙大到来,并与浙大教师合影(摄于1940年)。

浙大在湄潭的校舍于1940年5月安排落实。以湄潭县长严溥泉为首成立了浙大迁移协助会,邀请浙大校长、教授参与讨论。湄潭当地支援房舍250余间,让出文庙、民教馆、救济院等公屋用于浙大办学;又决定将湄潭中学与浙大实验学校合并,依靠浙大师资办好地方教育。图为浙大与湄潭之间的来往电文。

湄潭浙江大学校舍分布图。

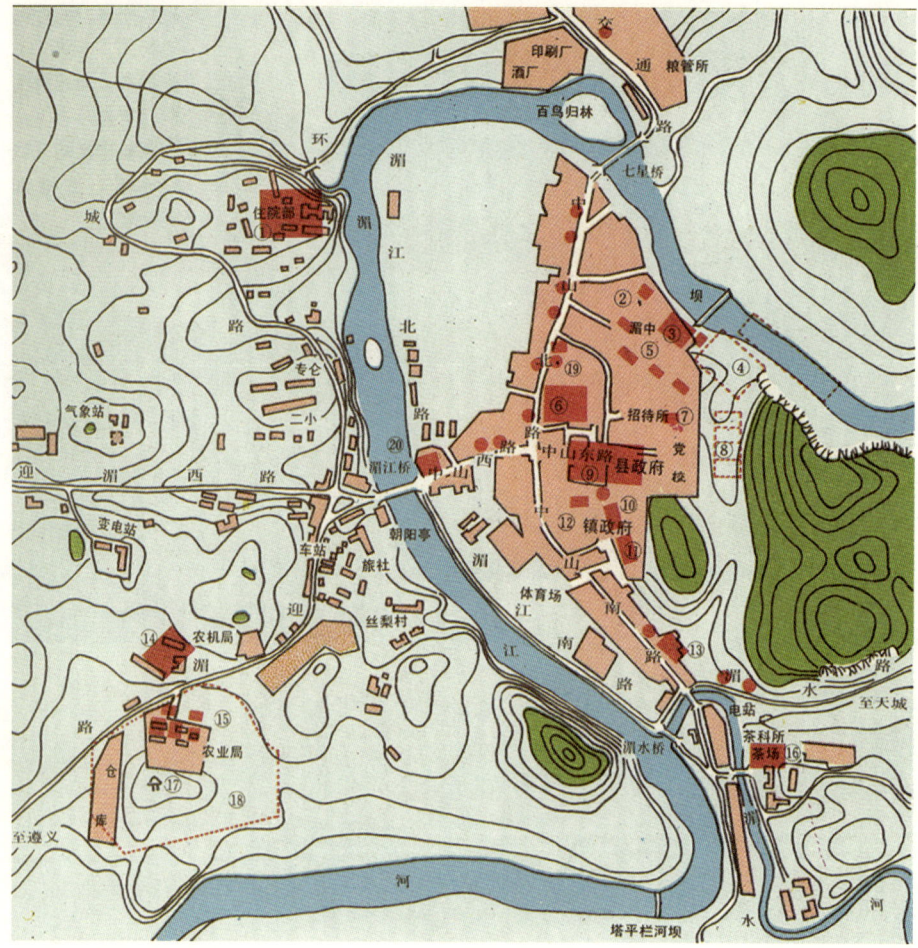

1. 物理系（双修寺）
2. 浙大附小（玉皇阁）
3. 大礼堂
4. 足球场及游泳池
5. 男生宿舍（四幢）
6. 浙大附中
7. 女生宿舍（信斋）
8. 篮排球场
9. 浙大湄潭分部办公室、图书馆（文庙）
10. 农经系（财神庙）
11. 化学系（梵天宫）
12. 教师住处之一（天主堂）
13. 数学系（朝贺寺）
14. 生物系（唐家祠堂）
15. 农艺、园艺、农化、病虫害、蚕桑等系（贺家祠堂）
16. 湄江吟社
17. 七七亭
18. 浙大农场
19. 学生服务处
20. 教室（湄江饭店）
● 均为教授住处（民房）

湄潭浙大校舍（摄于1942年）。

湄潭浙大学生宿舍（摄于1942年）。

湄潭浙大农学院农场（摄于20世纪40年代）。

湄潭双修寺，时为物理系所在地（摄于20世纪80年代）。

国立浙江大学永兴分部校门（摄于20世纪40年代）。

永兴火神庙，时为农学院畜牧实验基地（摄于20世纪80年代）。

湄潭文庙是浙大湄潭分部驻地，其大成殿时为浙大图书馆（摄于1945年秋）。

湄江饭店中的部分客房成为当时浙大教授的住处，理学院的王琎教授、文学院的德梦铁教授都曾在此居住。

农学院毕业生赴重庆参观考察返回湄潭途中（摄于1940年）。

浙大毕业生在遵义拍摄毕业合影（摄于1942年）。

1940年1月，浙大学生自治会发起组织战地服务团，奔赴前线。图为浙大战地服务团在贵州青岩合影（摄于1945年）。

王淦昌教授全家合影（1944年摄于湄潭）。

苏步青教授与家人合影（摄于1942年）。

竺可桢校长与家人在遵义碓窝井住所前留影（摄于1946年1月）。

费 巩（1905—1945）

比较政治学家。1933年起任教浙大，先后任政治学和经济学教授。担任训导长期间，为改善学生晚自修照明条件，设计了被同学们广为称赞的"费巩灯"。他追求民主，被当时的教育部列为需要"特别注意监视"的人。1945年被国民党特务秘密绑架，不幸遇害，年仅40岁。

舒 鸿（1894—1964）

体育教育家。1934年起，任浙江大学教授、体育部主任、总务长等职。1936年，第十一届奥运会在德国柏林举行，担任篮球决赛主裁判，被誉为中国人在奥运会上的"第一哨"。

胡刚复（1892—1966）

物理学家、教育家。1936—1949年，任浙江大学教授、文理学院院长、理学院院长。1943年，受聘为教育部部聘教授。在浙大任职期间，将理学院办成了当时国内顶尖水平的学院。协助竺可桢校长部署、组织学校西迁，为浙大的发展作出了重要贡献。

校训、校歌

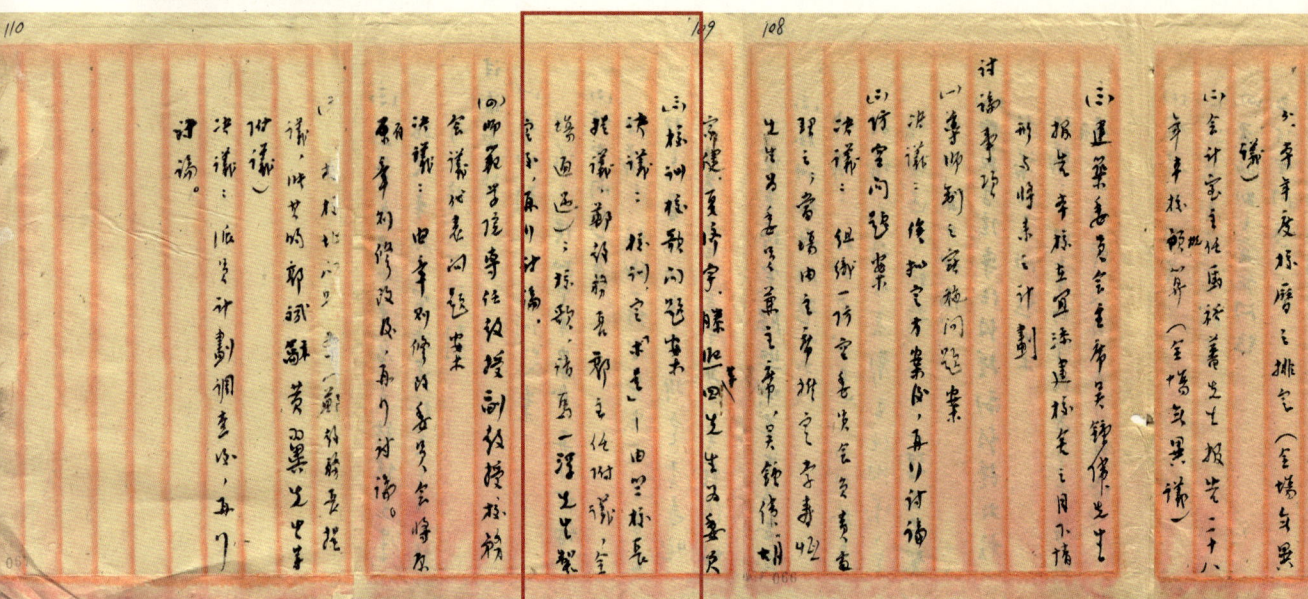

决定以"求是"为校训的校务会议记录。

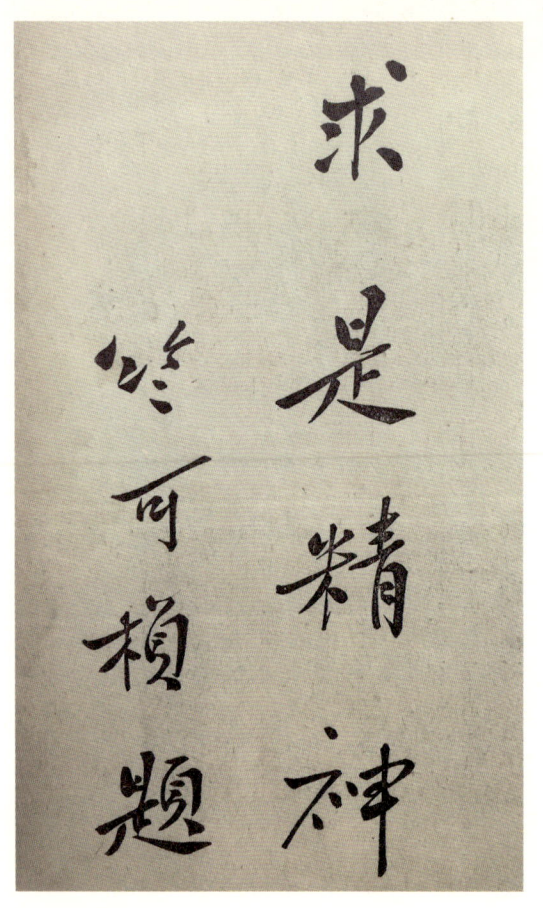

1938年11月19日，根据竺校长的提议，浙江大学校务会议讨论正式确定以"求是"为校训。为阐发"求是"校训的内涵，竺可桢校长发表了《王阳明先生与大学生的典范》（1938年11月）、《求是精神与牺牲精神》（1939年2月）和《科学之方法与精神》（1941年5月）等重要演讲与论著，阐明了"只问是非、不计利害"的"求是"精神。

竺可桢题写的"求是精神"。

國立浙江大學校刊

復刊弁言

王陽明先生與大學生的典範

國立浙江大學校刊

求是精神與犧牲精神

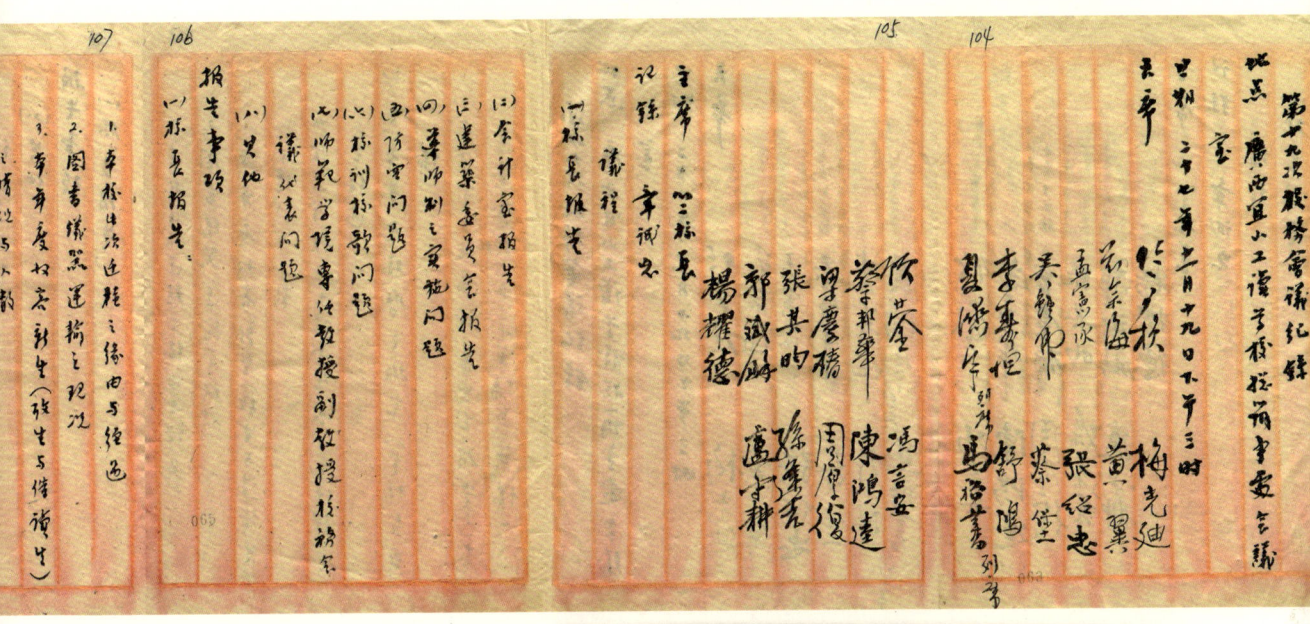

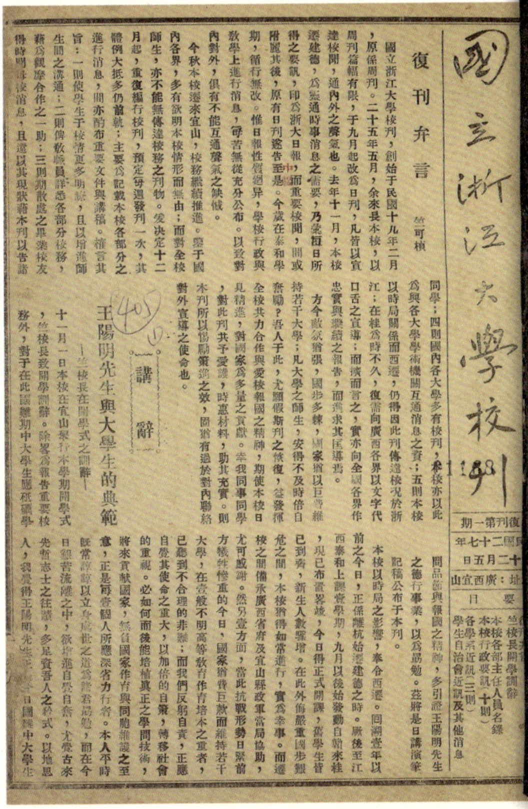

在校刊上刊载的《王阳明先生与大学生的典范》。　　竺可桢的《求是精神与牺牲精神》。

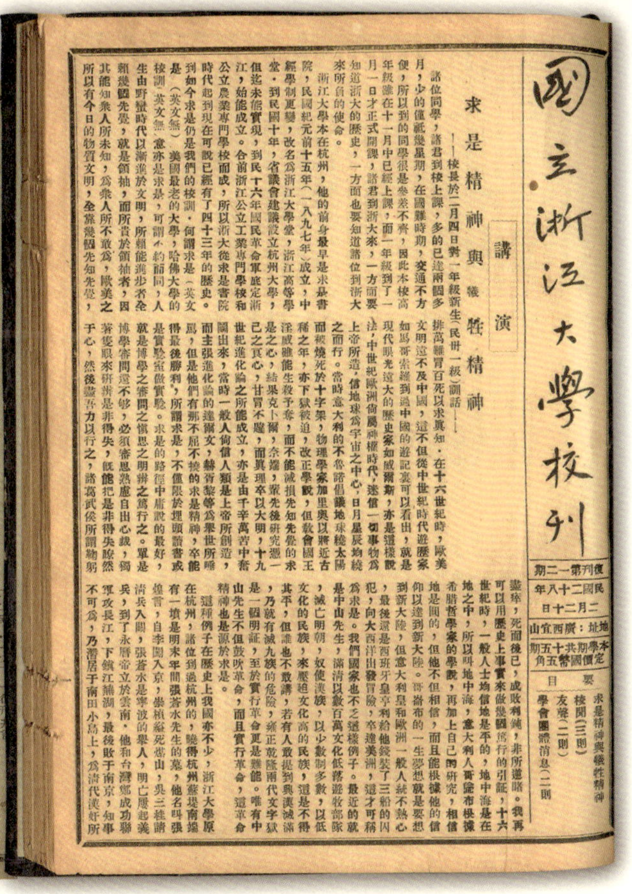

马一浮（1883—1967）

国学大师。1938 年受竺可桢之聘加盟浙大。泰和、宜山办学时期，任浙江大学国学讲座教授。在泰和期间，马一浮作了 11 次讲演，讲稿辑为《泰和会语》；在宜山期间，又作了 9 次讲演，讲稿辑为《宜山会语》。在浙大期间的讲演是马一浮先生一生中唯一的大学执教经历。他为浙江大学撰写的浙江大学校歌歌词意旨深邃，影响深远，极其珍贵。

讨论校歌问题的校务会议记录。

西迁时期，浙大喜鹊歌咏队使用的校歌歌谱。

1938年12月8日召开浙江大学校务会议,讨论校歌问题。决定请马一浮撰写歌词。浙江大学校歌由马一浮作词,国立音乐专科学校应尚能教授谱曲。

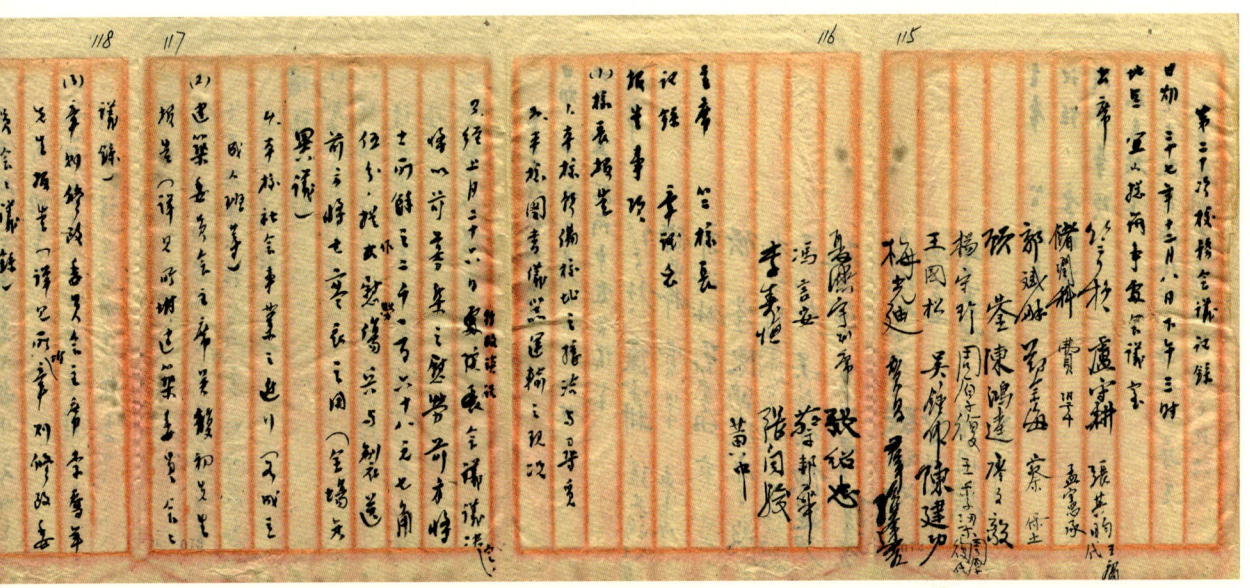

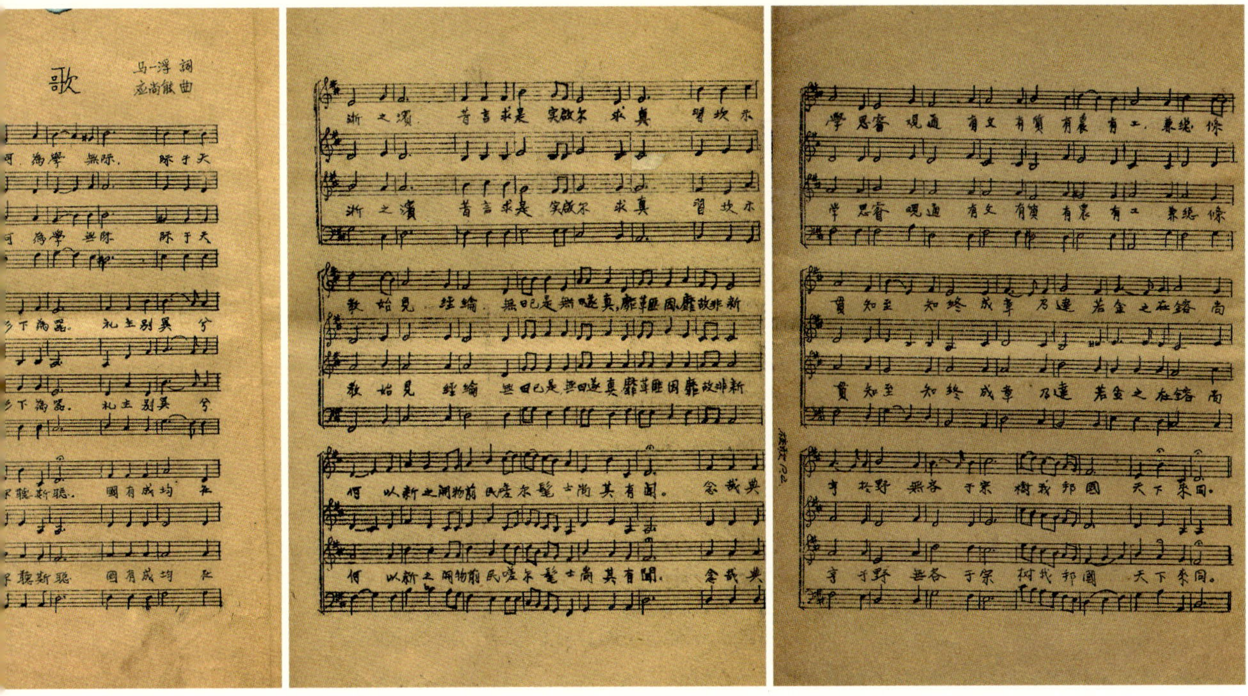

名师云集

　　西迁时期浙大名师荟萃，仅后来成为中国科学院学部委员或院士的就有王序、王淦昌、王葆仁、贝时璋、卢鹤绂、冯新德、任美锷、向达、刘恢先、苏元复、苏步青、吴征铠、吴浩青、张肇骞、陈建功、罗宗洛、竺可桢、钱令希、钱钟韩、徐芝纶、涂长望、谈家桢、黄秉维、梁守槃、蔡邦华、蔡金涛、谭其骧等27位。另有王琎、束星北、张绍忠、周厚复等众多具有重要影响的科学名家执教于国立浙江大学。

张绍忠（1896—1947）
物理学家。1927年到浙江大学创办物理系，后曾任文理学院副院长、教务长等职。

蔡邦华（1902—1983）
昆虫学家。1929年始任教浙江大学农学院，1938—1952年任浙江大学农学院教授、院长。1955年当选为中国科学院学部委员（院士）。

贝时璋（1903—2009）
细胞学家。1930—1950年任浙江大学生物系教授、系主任、理学院院长。1955年当选为中国科学院学部委员（院士）。

苏步青（1902—2003）
数学家。1931—1952年任浙江大学数学系教授、系主任、教务长。1941年，受聘为教育部部聘教授。1955年当选为中国科学院学部委员（院士）。

束星北（1907—1983）
物理学家。1932—1935年、1936—1952年二度在浙大任教。中国量子力学和相对论研究的先行者。李政道在浙大求学时深受其教导和影响。

王淦昌（1907—1998）
核物理家，"两弹一星"功勋奖章获得者。1936—1950年在浙江大学任教，曾担任浙江大学物理系系主任，教授。1955年当选为中国科学院学部委员（院士）。

谈家桢（1909—2008）
遗传学家。1937—1952年任浙江大学生物系教授、理学院院长。1980年当选为中国科学院学部委员（院士）。

王 琎（1888—1966）
化学家、化学史家。1915年与留美学生一起组织发起成立"中国科学社"，并创建《科学》杂志。1937年起，任浙江大学化学系主任、师范学院院长、理学院代院长等。1941年，受聘为教育部部聘教授。

涂长望（1906—1962）
气象学家。1939—1942年任浙江大学史地系教授。新中国首任气象局局长。1955年当选为中国科学院学部委员（院士）。

谭其骧（1911—1992）
历史地理学家，是中国历史地理学科的主要奠基人和开拓者之一。1940—1950年在浙江大学史地系任副教授、教授。1980年当选为中国科学院学部委员（院士）。

卢鹤绂（1914—1997）
核物理学家。1945—1952年任浙江大学物理系教授。1980年当选为中国科学院学部委员（院士）。

历经浙大西迁的人文社科名家同样群星璀璨，比如丰子恺、王季思、王庸、叶良辅、刘节、沈思岩、张其昀、张荫麟、陈乐素、陈立、郑宗海、孟宪承、夏承焘、钱穆、黄翼、梅光迪等。

孟宪承（1894—1967）
教育学家。1929—1933年、1938—1941年、1946—1951年三临浙江大学教学，累计达12年。主要讲授教育哲学、教育社会学、教育史、比较教育学。在宜山时，任教育系系主任；在龙泉分校时，任教务主任、英文教授。

黄 翼（1903—1944）
心理学家。1930年起任浙江大学教育学系副教授、教授。

梅光迪（1890—1945）
西洋文学家。1936 年任浙江大学文理学院副院长兼外国文学系系主任。1939 年文理学院分开，任文学院院长。

张其昀（1901—1985）
地理学家、历史学家、教育家。1936 年夏，应竺可桢校长之聘，到浙江大学创办史地系，担任教授兼系主任。1946 年任文学院院长。

叶良辅（1894—1949）
地质学家。1938 年起任浙江大学史地系教授，1943—1945 年任史地系系主任，1949 年任地理系系主任。

丰子恺（1898—1975）
散文家、漫画家、翻译家。1939—1942 年任教于浙江大学。

钱　穆（1895—1990）
史学家、国学家。1940—1943 年在浙江大学任教。

张荫麟（1905—1942）
史学家。1940—1942 年任浙江大学教授。1941 年，与张其昀等发起刊行《思想与时代》月刊。

陈乐素（1902—1990）
历史学家。1942 年香港沦陷后入贵州遵义，应聘任浙江大学历史系教授。1952—1954 年，任浙江师范学院历史系教授兼图书馆馆长。

英才辈出

西迁时期浙大的学生，日后当选为中国科学院和中国工程院院士的有毛汉礼、叶笃正、朱祖祥、姚鑫、池志强、杜庆华、李政道、谷超豪、张友尚、张直中、陈吉余、陈述彭、胡济民、侯虞钧、施教耐、施雅风、施履吉、钱人元、徐承恩、徐僖、郭可信、黄文虎、程开甲、程民德、谢义炳、谢学锦、戴立信等27位。

朱祖祥（1916—1996）
土壤化学家。1934—1938年就读于浙江大学农学院后留校任教。1980—1983年任浙江农业大学校长。1980年当选为中国科学院学部委员（院士）。

钱人元（1917—2003）
化学家。1935—1939年就读于浙江大学化学系，后留校任教。1980年当选为中国科学院学部委员（院士）。

程开甲（1918— ）
理论物理学家，"两弹一星"功勋奖章获得者。1937—1941年就读于浙江大学物理系，后留校任教。1980年当选为中国科学院学部委员（院士）。获2013年度国家最高科学技术奖。

施雅风（1919—2011）
地理学、冰川学家。1937—1942年就读于浙江大学史地系。1944年获浙江大学研究院硕士学位。1980年当选为中国科学院学部委员（院士）。

陈述彭（1920—2008）
地理学、地图学、遥感应用专家。1938年考入浙江大学教育系，后转入浙江大学史地系，1944—1947年就读于浙江大学文科研究所史地学部。毕业后留校任教。1980年当选为中国科学院学部委员（院士）。

徐僖（1921—2013）
高分子材料专家。1940—1944年就读于浙江大学化工系。1991年当选为中国科学院学部委员（院士）。

叶笃正（1916—2013）

气象学家。1940—1943年就读于浙江大学文科研究所史地学部。1980年当选为中国科学院学部委员（院士）。2005年度国家最高科学技术奖获得者。

郭可信（1923—2006）

物理冶金和晶体学家。1941—1946年就读于浙江大学化工系。1980年当选为中国科学院学部委员（院士）。

谷超豪（1926—2012）

数学家。1943—1948年就读于浙江大学数学系，后留校任教。1980年当选为中国科学院学部委员（院士）。2009年国家最高科学技术奖获得者。

李政道（1926— ）

物理学家。1943—1944年就读于浙江大学。1957年获诺贝尔物理学奖。1994年当选为中国科学院外籍院士。

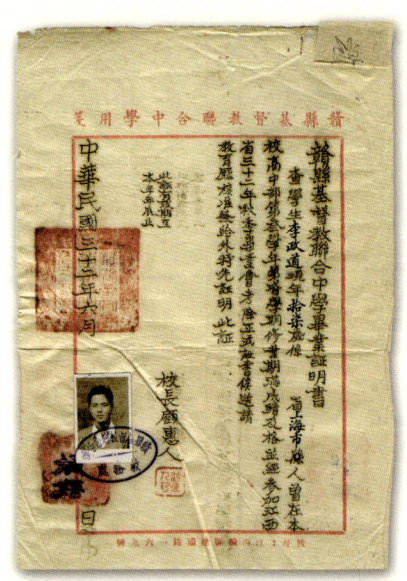

李政道报考浙江大学时提供的高中毕业证明书。

成果卓硕

在浙江大学举办的中国科学社成立30周年学术活动中，竺可桢校长作《二十八宿起源之时代与地点》学术报告（1944年10月李约瑟摄于贵州湄潭）。

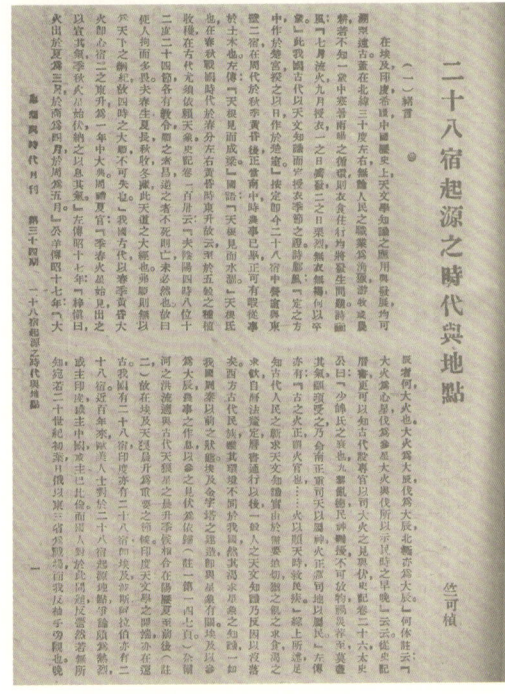

《二十八宿起源之时代与地点》论文第1页。

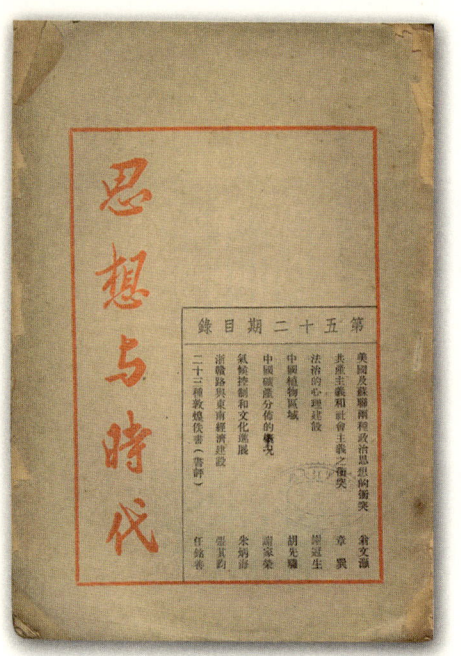

史地系张其昀主编的《思想与时代》月刊在抗日战争时期具有广泛影响。图为《思想与时代》月刊封面。

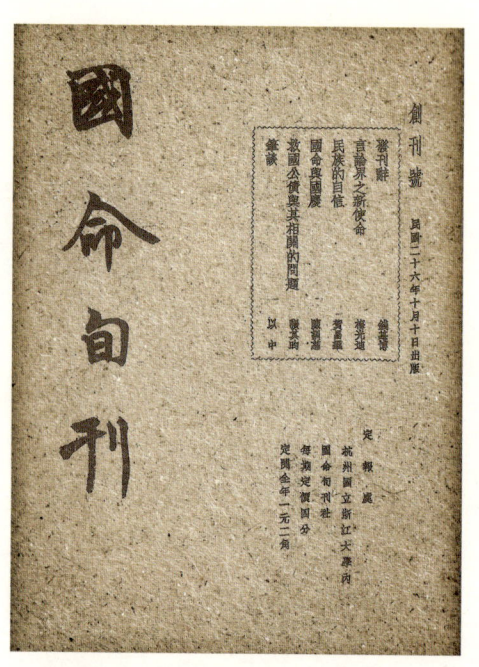

为唤醒国民意识，激励抗战救国，浙大同仁创办《国命旬刊》。

《国命旬刊》发刊辞

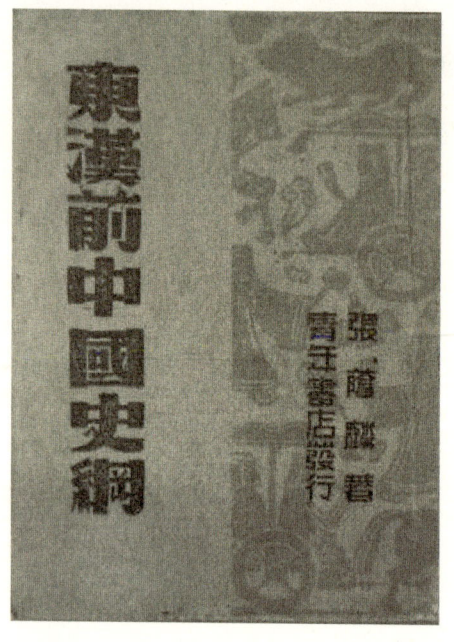

史地系张荫麟教授的代表著作《东汉前中国史纲》（即《中国史纲》）。

發刊辭

錢基博

遘者東人不道，蕩搖我邊疆，屠殺我無辜，肆其封豕長蛇，以來犯京畿。凡我邦人，掉心應顙，雖欲勿勞，烏乎可也！是用鷹揚之師，決命爭首，死傷積野，猶復首奮呼爭為先登。同人服務教胄有年，攸司雖曰同仇，匪遑寧處，然而義憤填膺，喉舌肝胆，有以藉文字爭出一紙以署曰國命，將以導茲民意，揚皇士氣，存是用抒其肝胆。屬為文者旬基博，被服儒者，古訓是式，謹詮廁以昭告於我邦人父老兄弟諸姑姊妹之前曰：

夫文止為武，維我先民蓋兵親仁善鄰，自古已然，而戰陣無勇，比於不孝。四郊多壘，則士之厚蒙見經記以為大戒，而之說曰「國邦也從口從戈」，或邦也從口從戈以守一一地也。知國之為話，誼在抗戰而從口於外者所以明疆場之有定樹界也。以共守人不來犯，我亦不犯人。爾毋擾我，我毋爾侵，然而侵略日感，日甚於我。矧國之為國也，有時而可以抗戰而不可以不抗戰，凡我邦人豈得寸土勿讓，戈以守有死無退日盛月其弧何？國古人造字豈曰徒然哉國於上國之中。不監古之有，以侵略亡人之國而卒不免亡國，自衊之天職。侵略者有如虎我之虞，我毋爾侵之之天。不可以不侵略也，可以不可也！

何能國古人造字豈曰徒然哉國於上國之中。不監古之有，以侵略亡人之國而卒不免亡國，自衊之天職。侵略者有如虎我之虞，我毋爾侵之之天。不可以不侵略也，可以不可也！傳曰：『兵猶火也，不戢必自焚』。而猶不知抗戰，而國必亡滅。利以自衊者，中外古今有侵略亡國之史蹟也，歐西古代之斯巴達羅馬滔滔者天。

（下略）

一也。

所謂國命之為話，古有二義：其一性命之誼也，禮記中庸「天命之謂性」註：「天命謂天所命生人者也是謂性命」。左氏成十三年傳：「民受天地之中以生所謂命也」疏引劉炫說「命者冥也言其生育之性得之於冥兆也大戴記本命：『命者性之終也分於道之謂也』。荀子正名：『生之所以然者謂之性』。論衡命義：『命則性也』。此性命之為說也。其二時命之謂也：淮南繆稱：『命者所遭於時也』。列子力命篇題注『當時所遭之命』。此時命之意也，如與國字聯文以解之，若戈在國則操命，凡我邦人當知可以不抗戰，乃我中華民族，然而言之則所謂國命性之謂，雖於文則戈在國則揚戈以從其後者昊天有成命，秉之所謂國命者又『國運之意當於此彈壓蹙斃萬一也。以守人凡我邦人，斷斷然無疑我從其有也。

同人發刊之期，適當國慶之日，所望眷城借口：「矢志輓」貳國命。攸繞同人利晨年年此日永得以一紙與邦人父老相見如不自奮。而圖苟活人為刀俎我為魚肉。昔人有言「師南為壯，師為老」，師為壯而為老』。日則不勝矣，存亡之機，決於今日予犯有言『虞不臟矣』存亡之機，決於今日。予犯有不敢有所讓覆賢就盡其謹讓小大戒，而圖衡慮，而加之以篤固此志彌彌『亡國』固在有以激發其心苟兼志也必復有人。因心衡慮，加有一德。壹上帝臨我，武其毋貳。『以忠勇道、何所懲於欲求於其民。國不由於得民民不憂國惟生也有激後音在天心苟兼志。亦能以成城斯。以之司疆還從兵，無氣貢也相所如國義乎然後以哀於此彌永哉其氏大命無忒圖爾無斯，不能斯救國結束之。

二

進德與修業

張其昀

本篇係去年民族掃墓節作者在國父紀念堂三民主義青年團演講辭，茲加以補充發表於此。

青年團的根本要旨在「進德修業」四個字。惟我們所應修習的不僅是個人道德，而是民族道德不僅是個人學業而是建國事業。青年團的團員的使命即為發揚民族道德完成建國大業。我們要達此目的必須充分發揮「求是精神」我們必須努力以求的不僅是學術上的真是非，而是國事上的大是大非。總理總裁所闡明的一貫的主義和國策，即是中華民國惟一的國是，也是青年團團員共同的信仰和理想。

總理嘗說中國所欲取法於外國的是科學而非政治哲學。戴季陶先生說青年團的精神基礎在於教育哲學，尤其是中國固有的教育哲學。孔子學說為人生方面有獨到的見解，可稱為人本哲學。其絕大師輩出，絕續演進，成為我國思想界的大動脈。二十世紀思想界的重心，由個人本位趨於社會本位，與我國古來儒家思想的人本哲學最為接近。故青年團的精神基礎乃尊立我國固有的民族精神之上。

夏尚忠，殷尚敬，周尚文，便是我國最古的民族道德。忠是忠實不欺，敬是敬慎小心，文即文化，周代文化以禮樂為中心，樂之精義在和，禮之精義在序。我們要內心和諧而生活有規律，即就團體言，一方要和衷共濟，一德一心，一方又要紀律嚴明，秩然有序。儒家論教育大半從禮樂入手。現在青年團團員的結合和訓練，也必須具備愛的精神和禮的精神，忠實敬慎和諧而有秩序，是我國優善的民族性，也是青年團的新精神。

孔子是全民族最偉大的師表，他的生活是「為學不厭，誨人不倦，發憤忘食，樂以忘憂」簡單說為學不厭是知，誨人不倦是

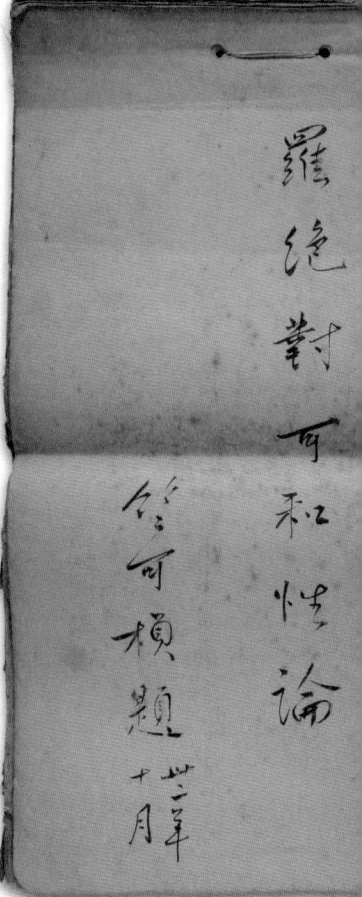

羅總對可和性論

錢可楨題 卅二年 十月

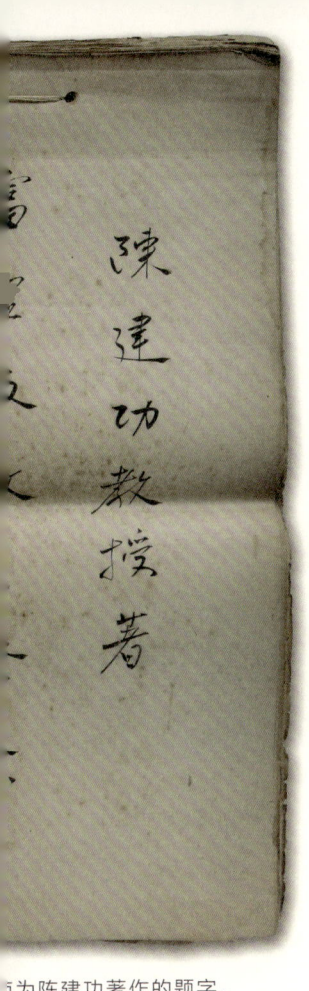

上图为陈建功著作的题字。

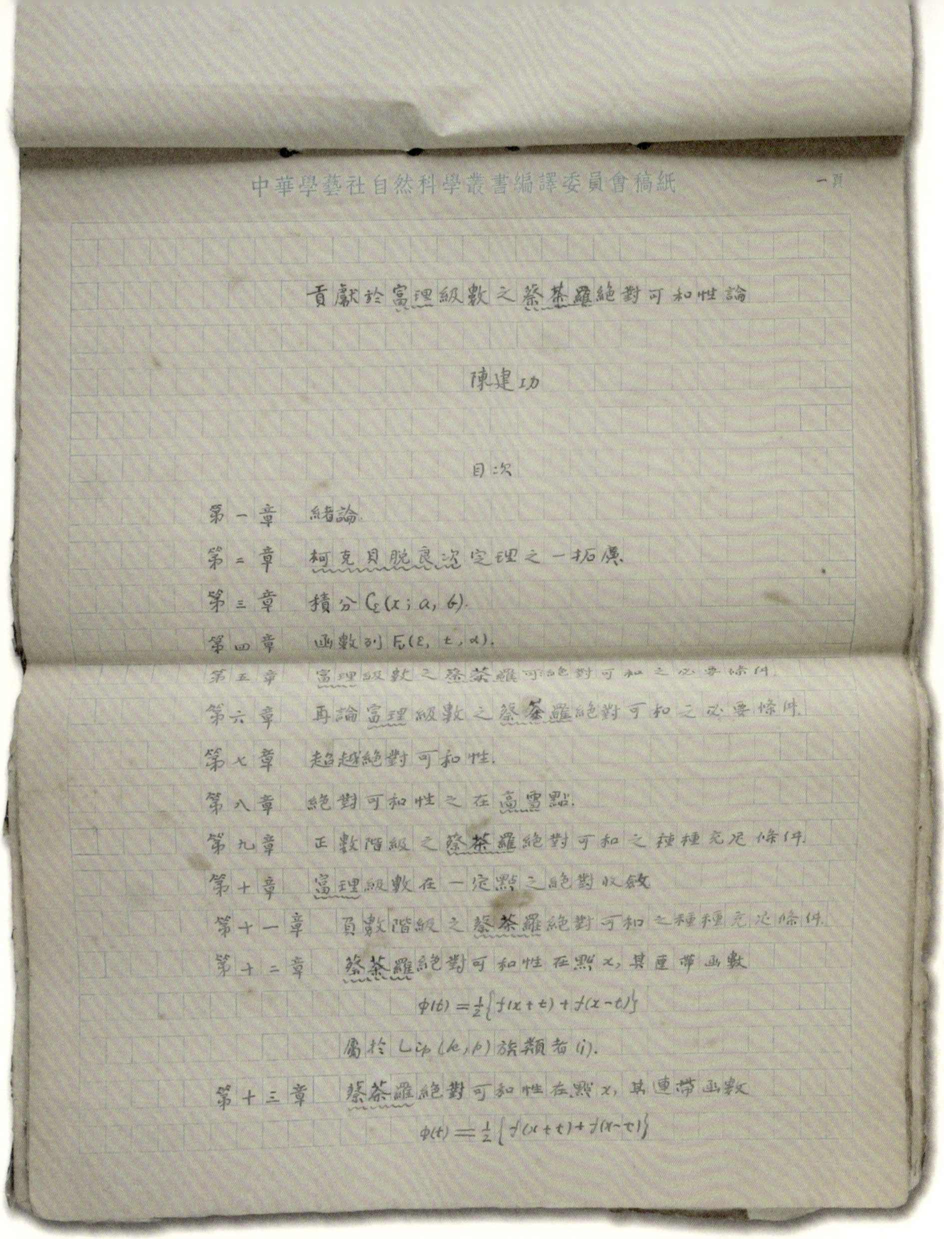

陈建功教授的著作手稿。

数学系教授陈建功与苏步青一起创立的浙江大学"微分几何学派"被称为"陈苏学派",又称"浙大学派",在20世纪40年代蜚声中外,与当时美国的芝加哥学派和意大利的罗马学派三足鼎立于国际数学界。截止1944年8月的统计,自西迁以来,浙大数学系师生仅在国外11种重要数学杂志上发表的论文就有一百多篇。图为苏步青教授在西迁办学期间发表的部分论文。

数学系钱宝琮教授著作《古算考源》。

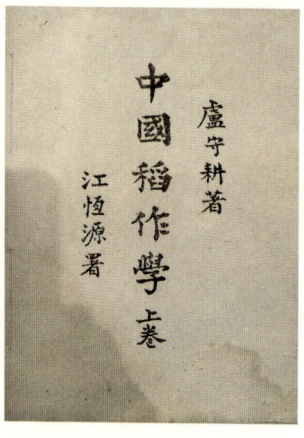

农艺系卢守耕教授著作《中国稻作学》。

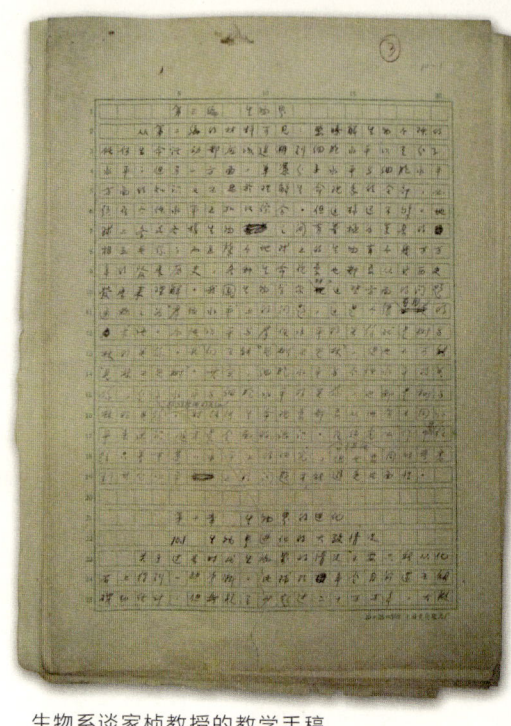

生物系谈家桢教授的教学手稿。

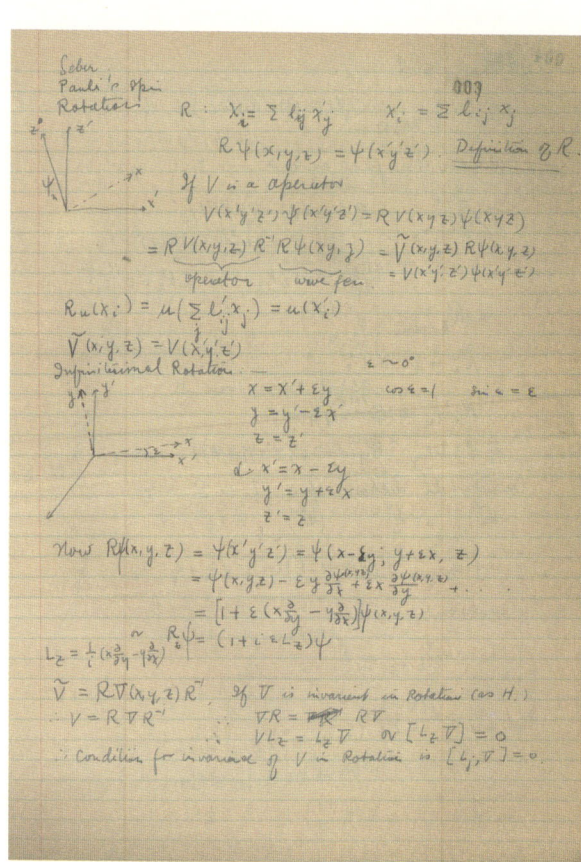

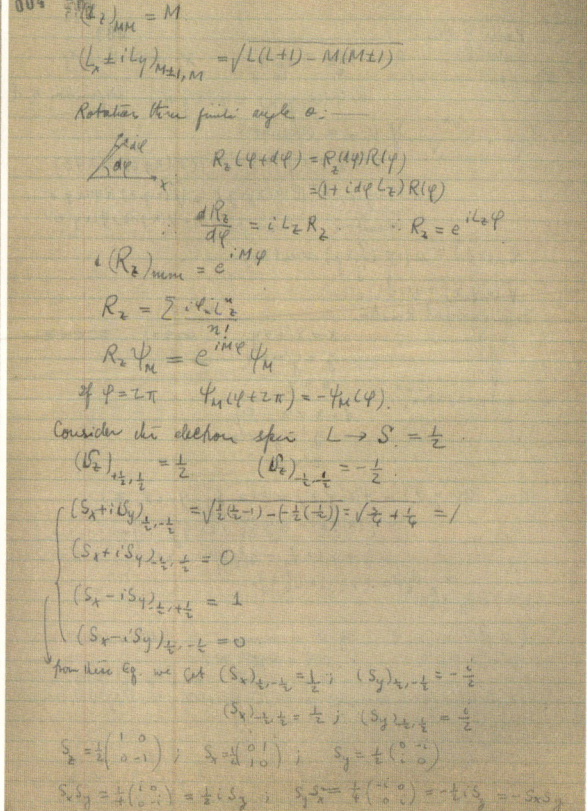

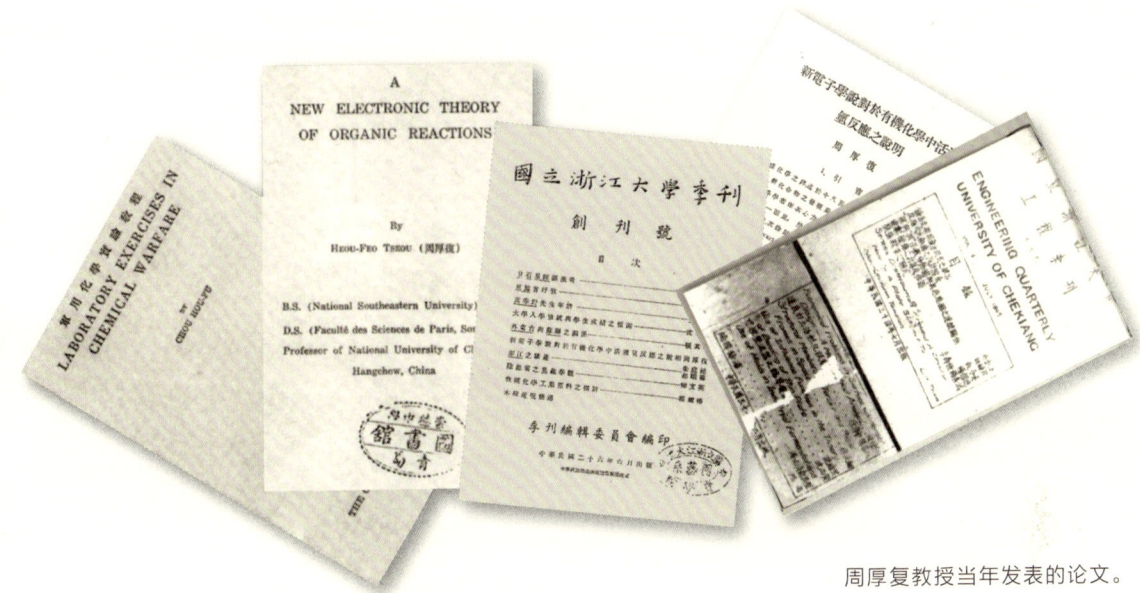

周厚复教授当年发表的论文。

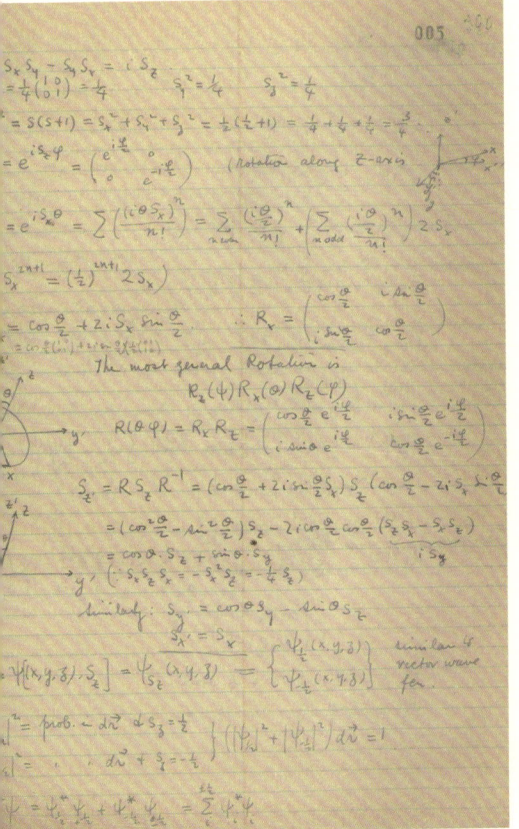

物理系王淦昌的论文《关于探测中微子的建议》，提出了探测中微子的有效方法，在当时的国际物理学界具有划时代的意义。图为王淦昌教授的科研手稿。

物理系束星北教授的论文《Lorentz Transformation of the Field Strength of an Accelerating Charge》，1945年发表于《SCIENCE RECORD》。

浙江大学研究院所属各研究所学部一览（1939—1946）

机构名称	建立时间	主任
文科研究所史地学部	1939年8月	张其昀
理科研究所数学学部	1939年8月	苏步青
理科研究所生物学部	1942年8月	贝时璋
工科研究所化学工程学部	1941年8月	李寿恒
农科研究所农业经济学部	1942年8月	吴文晖

1942年8月，浙江大学研究院成立，极大推进了科学研究与研究生培养工作，为浙江大学的崛起提供了强大支撑。第一届毕业研究生11人，其中文科研究所史地学部6名；理科研究所数学部2名；师范学院史地第二部3名。

Lorentz Transformation of The Field Strength of an Acceleratine Charge　67

$$\left(\frac{1}{\sqrt{1-\beta^2}}+\frac{t'\Gamma}{(1-\beta^2)}\frac{\partial\tau'}{\partial x}-\beta r'\frac{\partial\tau'}{\partial x}\right).$$

ily,

$$\frac{\partial\tau'}{\partial x}=\frac{\beta-x'/r'}{c\sqrt{1-\beta^2}(1-\beta_r')}\qquad(3)$$

re

$$\beta_r=\frac{x'}{r'}\beta.$$

Similerly we find:

$$\frac{\partial\tau'}{\partial y}=-\frac{y'}{cr'(1-\beta_r')},\frac{\partial\tau'}{\partial z}=-\frac{z'}{cr'(1-\beta_r')}\frac{\partial\tau'}{\partial t}=\frac{1}{\sqrt{1-\beta^2}}\qquad(4)$$

Substituting (3) in (1), we get:

$$\frac{\partial x'}{\partial x}=\frac{1}{\sqrt{1-\beta^2}}+\frac{t'\Gamma}{(1-\beta^2)^{\frac{1}{2}}}\frac{\beta-x'/r'}{c(1-\beta_r')}$$

$$\frac{\partial x'}{\partial y}=-\frac{y'\Gamma}{c^2(1-\beta^2)(1-\beta_r')},\frac{\partial x'}{\partial z}=-\frac{z'\Gamma}{c^2(1-\beta^2)(1-\beta_r')}.$$

$$\frac{\partial x'}{\partial t}=\frac{v}{\sqrt{1-\beta^2}}+\frac{t'\Gamma}{(1-\beta^2)^{\frac{3}{2}}},$$

$$\frac{\partial t'}{\partial x}=\frac{v}{\sqrt{1-\beta^2}}+\frac{x'\Gamma(\beta-x'/r')}{c^2(1-\beta^2)^{\frac{3}{2}}(1-\beta_r')},$$

$$\frac{\partial t'}{\partial y}=\frac{x'y'\Gamma}{c^2r'(1-\beta^2)(1-\beta_r')},$$

$$\frac{\partial t'}{\partial z}=\frac{x'z'\Gamma}{c^2r'(1-\beta^2)(1-\beta_r')},\frac{\partial t'}{\partial t}=\frac{1}{\sqrt{1-\beta^2}}+\frac{x'\Gamma}{c^2(1-\beta^2)^{\frac{3}{2}}},\qquad(5)$$

In the theory of relativity, the eleotromagnotic field is a tensor:

$$F^{\mu\nu}=\begin{vmatrix}0 & H_z & -H_y & -iE_x\\ -H_z & 0 & H_x & -iE_y\\ H_y & -H_x & 0 & -iE_z\\ iE_x & iE_y & iE_z & 0\end{vmatrix}$$

ering to the fixed system, the charge is moving with a velocity v and acceleration Γ along x' ection, the element of the electromagnetic tensor $F^{\mu\nu'}$, is given by

$$F^{\mu\nu'}=\frac{\partial x'_\mu}{\partial x_\alpha}\frac{\partial x'_\nu}{\partial x_\beta}F^{\alpha\beta}$$

s by using, (4), we get,

$$E'_x=\frac{F'_{14}}{-i}=\left(\frac{\partial x'_4}{\partial x_4}\right)\left\{\frac{\partial x'_1}{\partial x_1}F^{14}+\frac{\partial x'_1}{\partial x_2}F^{24}+\frac{\partial x'_1}{\partial x_3}F^{34}\right\}\frac{1}{-i}$$

$$+\left(\frac{\partial x'_1}{\partial x_4}\right)\left\{\frac{\partial x'_4}{\partial x_1}F^{41}+\frac{\partial x'_4}{\partial x_2}F^{42}+\frac{\partial x'_4}{\partial x_3}F^{43}\right\}\frac{1}{-i}$$

$$=e\left(\frac{1}{\sqrt{1-\beta^2}}+\frac{x'\Gamma}{c^2(1-\beta^2)^{\frac{3}{2}}}\right)\left\{\left[\frac{1}{\sqrt{1-\beta^2}}+\frac{t'\Gamma}{(1-\beta^2)^{\frac{3}{2}}}\frac{\beta-x'/r'}{c(1-\beta_r')}\right]\frac{x}{r^3}\right.$$

68　束星北学术论文选集

$$-\frac{y'\Gamma}{c^2(1-\beta^2)(1-\beta_r')}\frac{y}{r^3}-\frac{z'\Gamma}{c^2(1-\beta^2)(1-\beta_r')}\frac{z}{r^3}\Big\}$$

$$-e\left(\frac{v}{\sqrt{1-\beta^2}}+\frac{t'\Gamma}{(1-\beta^2)^{\frac{3}{2}}}\right)\left\{\left[\frac{v}{c^2\sqrt{1-\beta^2}}+\frac{x'\Gamma(\beta-x'/r')}{c^2(1-\beta^2)^{\frac{3}{2}}(1-\beta_r')}\right]\frac{x}{r^3}\right.$$

$$-\frac{x'y'\Gamma}{c^2r'(1-\beta^2)(1-\beta_r')}\frac{y}{r^3}-\frac{x'z'\Gamma}{c^2r'(1-\beta^2)(1-\beta_r')}\frac{z}{r^3}\Big\}$$

$$=\frac{ex}{r^3}-\frac{e\Gamma(yy'+zz')}{c^2(1-\beta^2)^{\frac{3}{2}}r^3}.$$

But　$t=(t'-\frac{vx'}{c^2})/\sqrt{1-\beta^2}$, $\therefore r=r'(1-\beta r')/\sqrt{1-\beta^2}$.

$$\therefore\quad E'_x=\frac{ex}{r^3}-\frac{e\Gamma(rr'-xx')\sqrt{1-\beta^2}}{c^2(1-\beta^2)^{\frac{3}{2}}r^3}$$

$$=\frac{ex(1-\beta^2)^{\frac{3}{2}}}{r'^3(1-\beta_r')^3}-\frac{e\Gamma r'(1-\beta^2)}{c^2(1-\beta^2)r'^2(1-\beta_r)^2}+\frac{e\Gamma xx'\sqrt{1-\beta^2}}{c^2r'^2(1-\beta_r')^3}.$$

Finally　$E'_x=\frac{ex\sqrt{1-\beta^2}}{r'^3(1-\beta_r)^3}(1-\beta^2)-\frac{e\Gamma}{c^2r'(1-\beta_r)^2}+\frac{e\Gamma r'x\sqrt{1-\beta^2}}{c^2r'^2(1-\beta_r)^3}.$

Similorly we get:

$$E'_y=\frac{ey(1-\beta^2)}{r'^3(1-\beta_r')^3}+\frac{e\Gamma r'y}{c^2r'^2(1-\beta_r)^3},$$

$$E'_z=\frac{ez(1-\beta^2)}{r'^3(1-\beta'')^3}+\frac{e\Gamma r'z}{c^2r'^2(1-\beta_r')^3}.$$

where $\Gamma r'$ is the component of the acceleratim along the direction of r'. Let us denote ($x\sqrt{1-\beta^2}, y, z$) by $\overrightarrow{O_1P}$, the contracted distance between the charge and the point P, and $r=r'(1-\beta_r')$

then we get $\vec{E}=\frac{e}{r_1^3}(1-\beta^2)\overrightarrow{O_1P}+\frac{e\Gamma r'}{c^2r_1^2(1-\beta_r')}\overrightarrow{O_1P}-\frac{e}{c^2r_1(1-\beta_r')}\vec{\Gamma}$,

in the case considered above.

Similarly,

$$H'_x=\left(\frac{\partial x'_2}{\partial x_4}\frac{\partial x'_3}{\partial x_1}-\frac{\partial x'_2}{\partial x_1}\frac{\partial x'_3}{\partial x_4}\right)\frac{Ex}{c}+\left(\frac{\partial x'_3}{\partial x_4}\frac{\partial x'_2}{\partial x_2}-\frac{\partial x'_3}{\partial x_2}\frac{\partial x'_2}{\partial x_4}\right)\frac{Ey}{c}$$

$$+\left(\frac{\partial x'_2}{\partial x_4}\frac{\partial x'_3}{\partial x_3}-\frac{\partial x'_2}{\partial x_3}\frac{\partial x'_3}{\partial x_4}\right)\frac{Ez}{c}=0$$

$$H'_y=\left(\frac{\partial x'_3}{\partial x_4}\frac{\partial x'_1}{\partial x_1}-\frac{\partial x'_3}{\partial x_1}\frac{\partial x'_1}{\partial x_4}\right)\frac{Ex}{c}+\left(\frac{\partial x'_3}{\partial x_4}\frac{\partial x'_1}{\partial x_2}-\frac{\partial x'_3}{\partial x_2}\frac{\partial x'_1}{\partial x_4}\right)\frac{Ey}{c}$$

$$+\left(\frac{\partial x'_3}{\partial x_4}\frac{\partial x'_1}{\partial x_3}-\frac{\partial x'_3}{\partial x_3}\frac{\partial x'_1}{\partial x_4}\right)\frac{Ez}{c}.$$

$$=-\left(\frac{v}{\sqrt{1-\beta^2}}+\frac{t\Gamma}{(1-\beta^2)}+\frac{x+vt}{c^2(1-\beta^2)^2}v\Gamma\right)\frac{ez}{cr^3}$$

$$=-\frac{e(1-\beta^2)vz}{cr'^3(1-\beta r')^3}-\frac{e\Gamma z}{c^2r'^2(1-\beta_r')^2}-\frac{e\Gamma r'zv}{c^3r'^2(1-\beta_r')^3},$$

Lorentz Transformation of The Field Strength of an Acceleratine Charge　69

$$H'_z=-\frac{e(1-\beta^2)vz}{cr'^3(1-\beta_r')^3}+\frac{e\Gamma y}{c^2r'^2(1-\beta_r')^2}+\frac{e\Gamma r'yv}{c^3r'^2(1-\beta_r')^3}.$$

or in vector form.

$$\vec{H_r}=\frac{e(1-\beta^2)}{cr_1^3}(\vec{v}\times\vec{r})+\frac{e\Gamma r'}{c^2r_1^2(1-\beta_r')}(\vec{v}\times\vec{r})+\frac{e}{c^2r_1^2}(\vec{\Gamma}\times\vec{r}).$$

These resulta are, in exsct sgreement with those obtainad form Maxwell's Equations.

Secondary for general acceleration we start form the general Lorentz Transformation

$$\vec{r'}+\vec{r}+\vec{v}\left\{-\frac{\vec{v}\vec{r}}{v^2}\left(1-\frac{1}{\sqrt{1-\beta^2}}\right)+\frac{t}{\sqrt{1-\beta^2}}\right\},t'=\frac{t+(\vec{v}\cdot\vec{r})/c^2}{\sqrt{1-\beta^2}}.$$

For the sake of simplicity at present time; we neglect, after differentiation, v/c in compared with 1. To this appcoximation we have,

$$\frac{\partial\tau'}{\partial x}=-\frac{x}{cr},\frac{\partial\tau'}{\partial y}=-\frac{y}{cr},\frac{\partial\tau'}{\partial z}=-\frac{z}{cr},\frac{\partial\tau'}{\partial t}=1.$$

$$\frac{\partial x'}{\partial x}=1-\frac{\Gamma_x x}{c^2},\frac{\partial x'}{\partial y}=1-\frac{\Gamma_x y}{c^2},\frac{\partial x'}{\partial z}=1-\frac{\Gamma_x z}{c^2},\frac{\partial x'}{\partial t}=v_x+\Gamma_x t,\text{etc},$$

$$\frac{\partial t'}{\partial x}=\frac{v_x}{c^2}-\frac{(\vec{r}\cdot\vec{\Gamma})}{c^2}\frac{x}{r}\text{etc.},\frac{\partial t'}{\partial t}=1+\frac{\vec{r}\cdot\vec{\Gamma}}{c^2}.$$

Finally　$\vec{E}=\frac{e}{r^3}\overrightarrow{OP}+\frac{e\Gamma r}{c^2r^2}\overrightarrow{OP}-\frac{e}{c^2r}\vec{P}.$

$$\vec{H}=\frac{e}{cr^3}(\vec{v}\times\vec{r})\frac{e}{c^2r^2}(\vec{\Gamma}\times\vec{r}).$$

These results are also in agreement with the ordinary theory to the order of approximation considered above.

原载《Science record》,1945,4:431－437

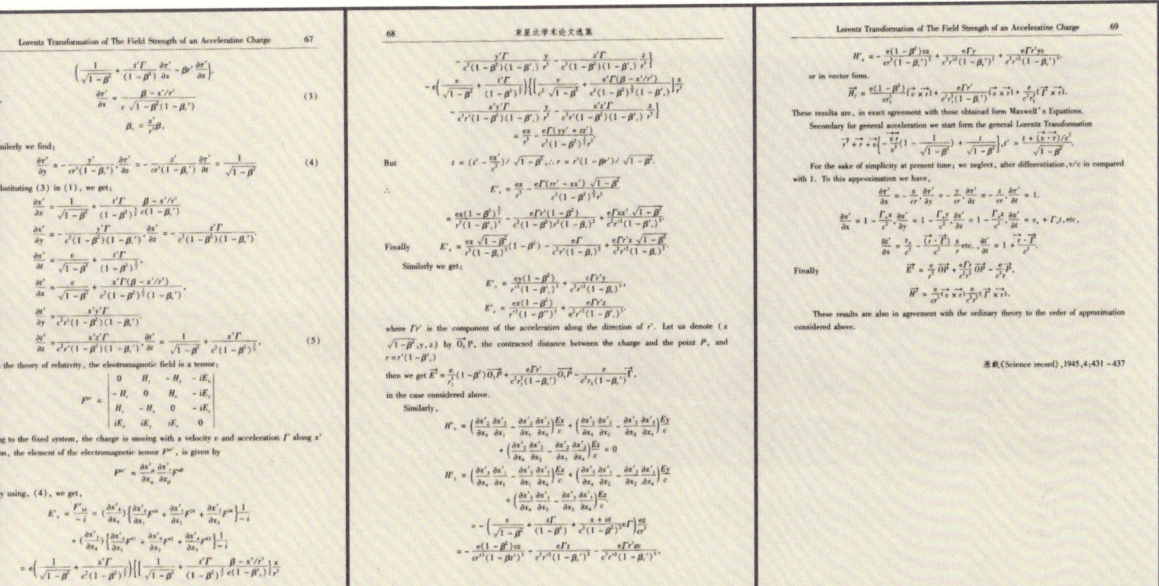

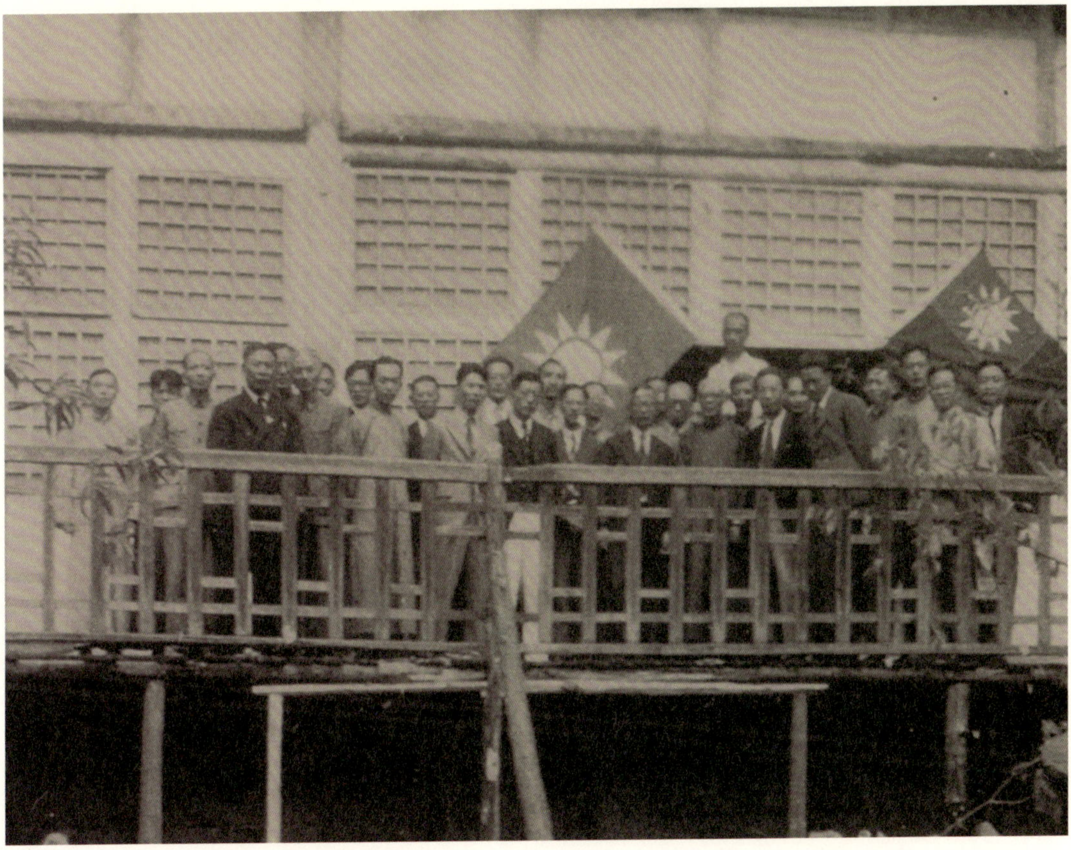

理科研究所数学学部部分师生留影（摄于 1940 年夏）。

师生文化活动

西迁期间,浙大师生笳吹弦诵,文化社团活动十分活跃,陆续成立了"黑白文艺社"、"湄江吟社"、"浙大音乐团"等文艺社团。图为浙大黑白文艺社社员合影(前排左三为社长何友谅烈士,摄于1940年)。

浙江大学召开春季运动会,规模盛大(摄于1944年5月4日)。

浙大音乐团举行第一次音乐会后合影（摄于 1943 年）。

浙大教育系毕业后在湄潭中学任教的姚文琴（摄于 20 世纪 40 年代）。

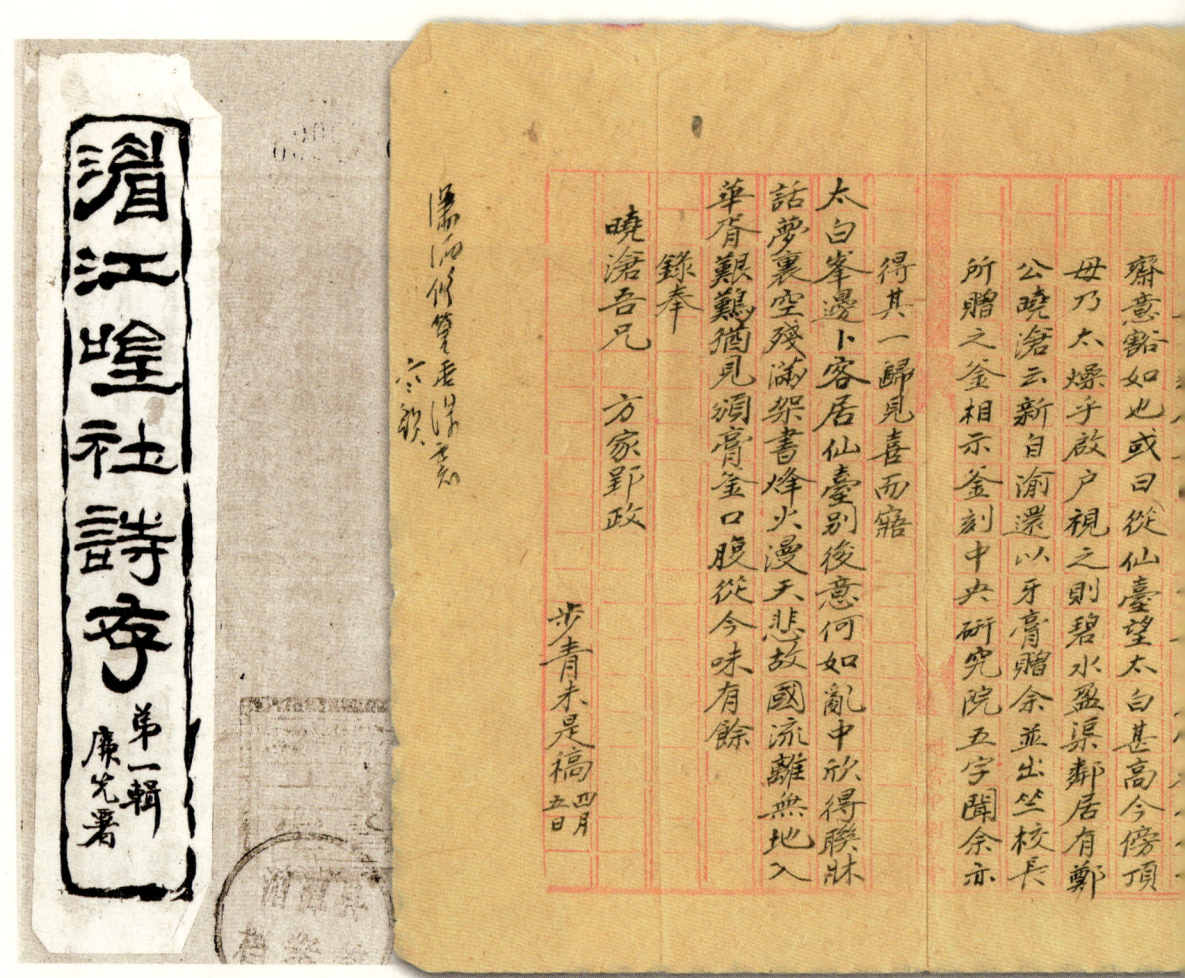

在湄潭,苏步青、钱宝琮、王琎、祝廉先、江问渔、胡哲敷、张鸿谟、刘淦芝、郑晓沧等教授自发组建了"湄江吟社",抒写情怀,切磋诗艺。图为湄江吟社诗集及部分社员诗作(作于20世纪40年代)。

湄江诗社第二集分韵得鸭字　　王琎 李果

黯云惯酿雨，春寒袭轻袷，呼朋话旧游，烹茶理书画。
忆昔事远征，五过瞿唐峡，几度涉沧海，久与沙鸥狎。
归来倦闲居，搅起桑麻业，东南急鼙鼓，全国鸣兵甲。
岂敢独安逸，懒学眠地鸭，提戈愧己衰，执笔差可承乏。
辗转渡云岭，戴月涉江硖，西南多故人，客里倍和洽。
传觞怯酒浓，分诗拈韵狭，兴来一长吟，高歌赞肩胛。
更习海外方，药镕调铅钾，读书何补国，光阴等挥霎。
偶登层楼望，黯黯浮云压，安能社慈恩，如鸟出笼押。
颇问贤将军，力挽恒沙劫，雄师糜疆场，炙钵敦盟歃。
会能清神州，海内俱欢恰，故乡家酿熟，归去飞杯唼。
澄泾鲟鲤肥，钓竿任垂揷，更当扫蜗庐，为君下尘榻。

纪梦 并引

化学系主任周厚复（左一）、教授刘道先（左二）与学生野餐时的留影（摄于20世纪40年代）。

李约瑟访问浙大

李约瑟（Joseph Needham）
1944年4月和10月，科技史专家、时任英国驻华文化与科学协作代表团团长李约瑟两次考察浙江大学。图为李约瑟博士。

贝时璋、王葆仁、王淦昌、丁绪宝等教授听取李约瑟演讲（1944年10月摄于贵州湄潭）。

SCIENCE IN KWEICHOW AND KUANGSI

By Dr. JOSEPH NEEDHAM, F.R.S.
British Scientific Mission in China

AFTER some lapse of time, the opportunity again presents itself of continuing the series of articles on science in China in war-time, of which seven have already appeared in *Nature*. In this and the following article, on China's far south-east, I shall be describing an area which I visited in the summer of 1944, just before the tide of war overwhelmed nearly all of it, wrecking many scientific installations, and forcing many of the scientific workers I met to take to the roads in evacuation or to the mountains in dispersal.

Taking the city of Chungking as the central point of China, this area is China's south-eastern quarter. To enter it the traveller must follow the southern road from the capital, winding over half a dozen passes through the protecting mountains, until he reaches Kweiyang, the capital of the relatively barren and rocky province of Kweichow. A few hundred kilometres south-east of this city is Tushan, the rail head of the uncompleted Kweichow-Kuangsi railway and here he may entrain for the descent through mountains wreathed in cloud to the fertile plains and rolling hills of Kuangsi around the city of Liuchow The capital of Kuangsi is, however, farther east, at Kweilin, amidst that extraordinary scenery of 'Karst limestone pinnacles and sugar-loaf hills rising abruptly out of the plain which justifies to the incredulous foreigner the fidelity of Chinese scroll-paintings, Thence the railway goes on the east, bearing north to Hêngyang and then south to the temporary railhead at Kukong in Kuangtung.

Between Chungking and Kweiyang at a small town called Tsunyi is to be found Chekiang University, one of the best four in China. Housed largely in old and dilapidated temples, there is not enough room for all of it at Tsunyi, so the scientific faculties are situated at a very pretty and very small town, Meitan, some 75 km. away to the east. It is typical of the present transport situation in China that although the University started with three trucks and a car

李约瑟对浙江大学在艰苦条件下，学术空气之浓、师生科研水平之高，十分惊叹，称赞浙江大学是"东方的剑桥"。他在《自然》杂志上发表文章指出，浙江大学是中国"最好的四所大学之一"。图为文章原文。

1946
复员回杭迎黎明
1949

1945年8月，日本无条件投降，中华民族的抗日战争取得了彻底胜利。由于在杭校舍经历战乱破坏，满目疮痍，需要一段时间重建校园，因此浙大遵义总校迟至1946年5月才开始分批返杭。之前，浙大龙泉分校则于1945年先期复员回杭。1946年9月，原分散在贵州遵义、湄潭、永兴及浙江龙泉等地的浙江大学师生全部抵达杭州，重新成为一个整体。

第四章
复员回杭迎黎明 (1946—1949)

1945—1949年，是中国人民为新中国的诞生与国民党专制独裁政权进行生死斗争的时期。在风雨如晦、鸡鸣不已的岁月里，杭州美丽的西子湖畔，两千多名年轻的求是学子和他们的师长们一道，共同经历了惊心动魄的求索、抗争、奋斗的生涯，他们以对真理的坚信和对人民的忠诚，用青春绘丹青，用热血求解放。

1945年8月，日本无条件投降，中华民族的抗日战争取得了彻底胜利。由于在杭校舍经历战乱破坏，满目疮痍，需要一段时间重建校园，因此浙大遵义总校迟至1946年5月才开始分批返杭。之前，浙大龙泉分校则于1945年先期复员回杭。1946年9月，原分散在贵州遵义、湄潭、永兴及浙江龙泉等地的浙江大学师生全部抵达杭州，重新成为一个整体。

回杭以后的首要工作就是修葺校舍，重建校园。因办学规模已较离杭前扩大，学校除陆续修复原有教室、宿舍和办公用房外，又兴建了一批校舍，并将修复和新建的大楼及宿舍群，冠以先贤和学校西迁办学地名，以资纪念。

然而，随着解放战争的爆发，学校再次陷入动荡不安之中。社会上物价飞涨，校园内师生生活水平急剧下降。因"饥寒交迫，生活陷于绝境"，学校教授会致电国民政府教育部等机构，要求改善待遇，并于1949年初两次派代表去南京交涉，甚至面见代总统李宗仁，均毫无结果。广大学生则积极参加到由中国共产党领导的"第二条战线"的各种运动中去，并在"于子三运动"中震撼全国，被誉为"民主堡垒"，有力动摇了国统区国民党的统治基础。

由于浙江大学的教学一向严格认真，加上竺可桢校长四处奔波，殚精竭虑，这一时期，学校仍有所发展，增设了法学院、医学院，以及哲学、人类学等系和研究所，教学质量也有所提升。

为应对时变，迎接解放，浙江大学于1949年4月成立"应变委员会"。5月3日杭州解放。翌月，中国人民解放军华东军区杭州市军事管制委员会对国立浙江大学实行军事接管，浙江大学的历史从此翻开了崭新的一页。

建设新校园

1945年9月,浙大派龙泉分校董聿茂、陆子桐、杨其泳等赴杭州办理产权交涉和整理、修葺校舍的准备工作。1945年11月,从龙泉返杭的浙大师生在杭复课。图为开学典礼合影。

图为被炸毁的杭州校园女生宿舍(摄于1945年9月)

原学校总办公厅被毁,仅剩屋架。

图书馆只有廊柱支撑的屋盖。

华家池校园建筑一片残垣瓦砾。

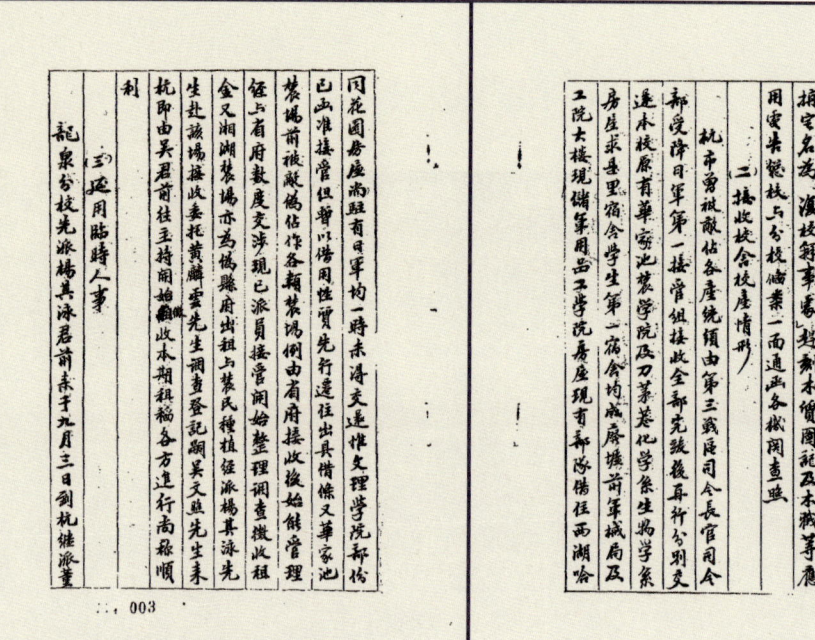

龙泉分校总务主任陆子桐接收校产工作的报告。

国立浙江大学复员专车（1946年5月摄于贵州遵义）。

"别兮，遵义。"浙江大学复员归杭时的场景（1946年5月摄于贵州遵义）。

工作报告

九月十二日至九月三十日 陆子桐

九月三日奉 校长电派赴杭据此校产遵即陆续典守
程于五日抵杭其时大学路校舍尚驻日军未使入内皆在

抗战胜利前后，浙江大学一直在作返杭的准备。1945年6月，学校在遵义浙大总办事处门前树立"国立浙江大学黔省校舍记"碑，以志纪念。

国立浙江大学黔省校舍记

国立浙江大学黔省校舍记

岛夹之患兴区内附近都重庆学多内格士陷贼中者辄冒险阻间道来归国家增学校延师儒傥其
原给校而教之由是西南之名都繁邑鲜不相望弦歌之声洋然顿庶事草创版资匮乏而
楷册储备弗积焉是时国立浙江大学遵往注者毁矣民国二十九年春始振贵州之遵义而
置一年级生活青严既而以理农二院处湄潭文工二院履遵义师范学院则分布两县间湄潭有镇曰别
其叶梁而附者若工厂农林诸场宅之属师子弟之在校者不下五千人其讲舍集室集其
会辨公揆而取其究而已所间为屋之毁千有余间与书部之著作而集部一析至二十有五以研究院一析部其下
其膢者如此遭时多故世六或有逐而标本者可数万二千一凡所以安其身养其知肆习之具莫测者此区区袭故
五万余册其仪器以件计者三万机器以架毁其或七百有奇标本以万二千计夫乎是书院瘠庵故三徒
至其胜者取之件中略萘数千有篇与书部之著作四部七百或与况其区区袭故三徒
无所增进而无而寒竟可也故夫学也先哲明见甚而譬獨其以应方来之变忒以求是书院瘠庵故三徒
高等学堂规称而谓可以民国十六年当以嗟长两在杭县事为况是书院瘠庵再徒泰和三
宜山西迁贵州最久不可毋记之故也揭求之与多士共勉焉以事
中华民国三十四年六月 校长竺可桢立

浙江大学在杭州新建的教学、办公大楼分别命名"阳明馆"、"梨洲馆"、"舜水馆"、"存中馆"、"叔和馆"等，冠以先贤名字，以作励志。图为梨洲馆、舜水馆及校长办公室建筑群（摄于1947年9月）。

华家池教学大楼神农馆、后稷馆、嫘祖馆，取名意在不忘以农为本（摄于1948年3月25日）。

第四章 复员回杭迎黎明（1946—1949）

航空工程实验室。

金工工场。

原动力实验室。

化学实验室。

阳明馆（摄于20世纪40年代）。

在动荡中办学

1946—1949年间，局势动荡不安，师生生活极其窘迫，思想苦闷。但是，学校在困境中坚持办学，科研机构更加完善，办学规模也有所扩大。图为新成立的法学院部分老师合影（左二为院长李浩培，摄于20世纪40年代）。

1945年8月，教育部决定在浙江大学设立医学院，竺可桢校长聘请王季午负责筹备工作。1946年8月，医学院正式成立，回杭后，进一步完善与发展。图为医学院附属医院开业典礼合影（摄于1947年11月1日）。

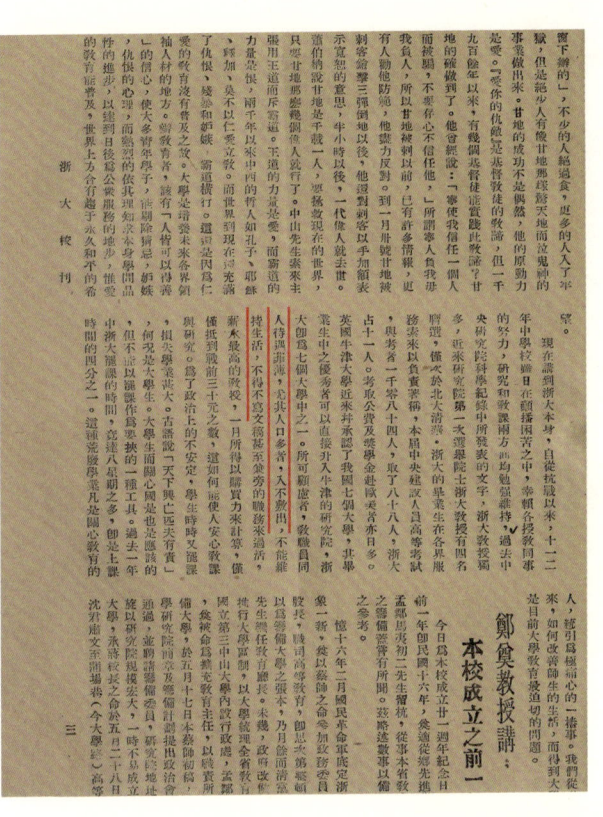

英国牛津大学来函邀请浙江大学推荐优秀学生免试入学。竺可桢校长在《大学教育与民主》演讲辞中向全校师生传达了这一消息。图为刊载竺可桢演讲的《国立浙江大学校刊》(1948年，复刊第179期)。

浙江大学返杭前后，又有部分著名学者加盟，包括卢嘉锡、王季午、李浩培、吴定良等。

卢嘉锡（1915—2001）

化学家。1946—1948年在浙江大学化学系任教。曾任中国科学院院长。1955年当选为中国科学院学部委员（院士）。

李浩培（1906—1997）

国际法学家。1946—1949年任浙大法学院院长。1985年当选为瑞士国际法研究院院士。1993年担任联合国南斯拉夫问题国际法庭法官。

1948年，胡适先生来浙江大学讲学。图为胡适先生（左五）与苏步青教授（右一）、张其昀教授（左三）等在校长办公室前合影（摄于1948年10月20日）。

吴定良（1894—1969）

人类学家。1946—1952年任教于浙江大学，创立人类学系并创建了我国首个高校人类学研究所。1948年当选为中央研究院院士。中国人类学的主要奠基人。

国立中央研究院于1928年6月成立，1948年评选出第一届院士81人，浙江大学竺可桢（第一排左四）、苏步青（最后一排右二）、贝时璋（最后一排右三）、吴定良（最后一排左二）4位教授当选。图为1948年9月研究院成立20周年纪念会暨第一次院士会议在南京召开期间，部分院士合影。

竺可桢与部分教授在校长办公室前合影（摄于1948年）。

参与接管台北帝国大学

抗战胜利前夕,原浙大教授、时任中央研究院植物研究所所长罗宗洛先生向国民政府教育部部长、中央研究院院长朱家骅提出了接收日本人在上海设立的自然科学研究所和在台湾设立的台北帝国大学的建议。罗宗洛认为,台北帝国大学研究水平甚高,可与日本本土的帝国大学相比,接收以后,可以办成像北京大学、清华大学、浙江大学、中央大学这样的著名大学。日本军队投降之后,国民政府派员接收台湾,朱家骅就敦请罗宗洛组织人员赴台湾接收台北帝国大学。

罗宗洛 (1898—1978)

植物生理学家。1940—1944 年任浙江大学教授。1948 年当选为中央研究院院士。1955 年当选为中国科学院学部委员(院士)。

接收台北帝国大学的小组除组长罗宗洛之外,还有浙大教授苏步青、陈建功、蔡邦华等。进驻台北帝国大学后,陈建功任教务长,蔡邦华任农学院院长,苏步青任理学院院长。罗宗洛为学校负责人,后任代理校长。接收完成后学校更名为台湾大学。图为接收小组成员讨论接收方案(右一为蔡邦华、右三为罗宗洛、右四为苏步青、左一为陈建功,摄于 20 世纪 40 年代)。

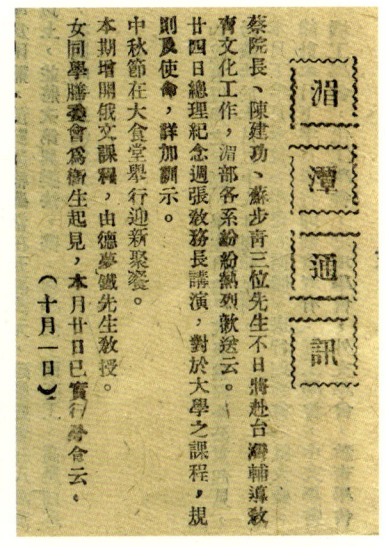

《国立浙江大学校刊》复刊第 132 期,在"湄潭通讯"栏刊登了浙大教授赴台湾参加接收工作的消息。

东南"民主堡垒"

1947年10月26日,浙大农经系学生、校学生自治会主席于子三与另外三位同学,在杭州大同旅馆被国民党特务秘密逮捕。面对反动当局的刑讯逼供,于子三宁死不屈,惨遭杀害,年仅23岁。图为于子三(中)与同学在图书馆合影(摄于20世纪40年代)。

浙大师生的抗议活动得到了清华大学、北京大学、交通大学等全国各地高校的纷纷声援,在中国共产党的领导下,形成了全国性的"反饥饿、反内战、反迫害"的学生运动,成为国统区波及全国的第三次学生运动高潮,史称"于子三运动"。浙江大学也由此被誉为"民主堡垒"(摄于1947年)。

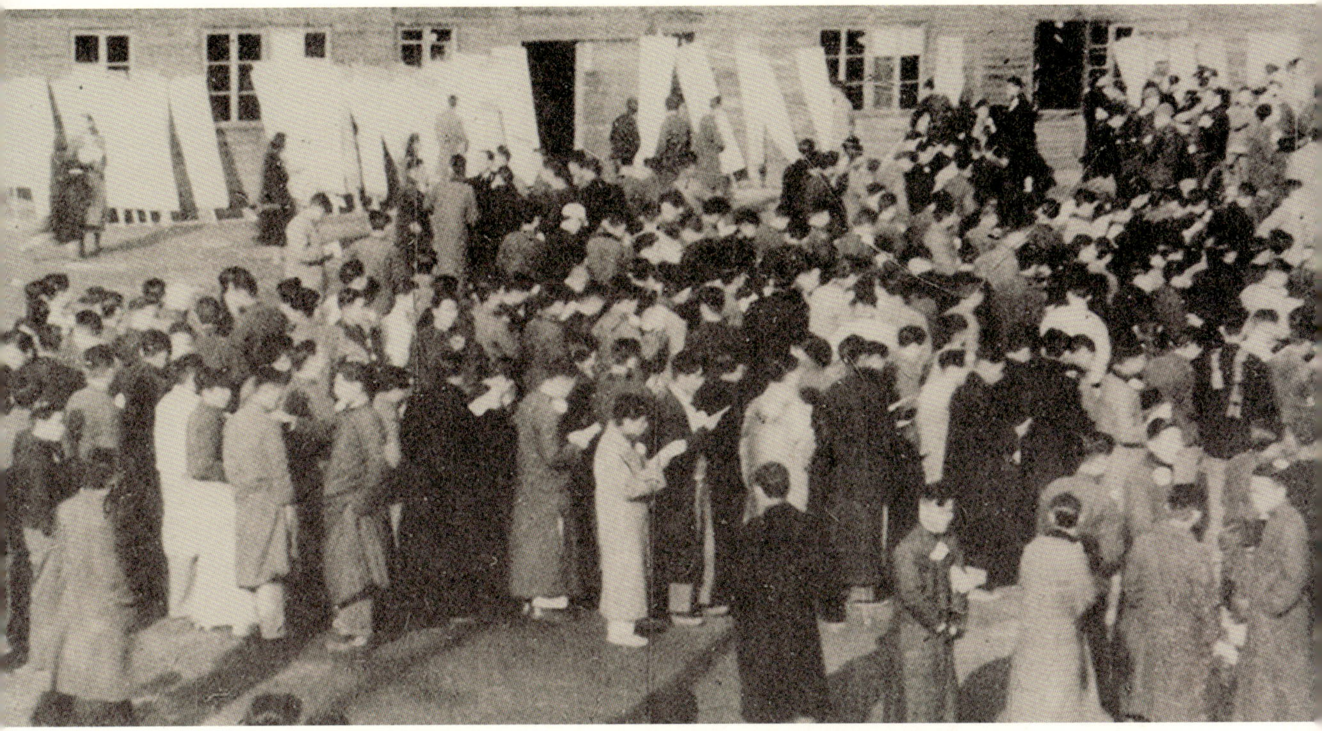

于子三遇害后，浙大师生义愤填膺，学生罢课，教授罢教。竺可桢校长称于子三“作为一个学生，是一个好学生，此事将成为千古奇冤”。图为浙大学生为于子三烈士出殡的场面（摄于1948年）。

Dear friends and respected professors,
We have learned from the report of the National Student Federation of China, from the recent issue of your "Kan-pao", from the declaration of your professors' Association and from photographs received of the death of the President of Chekiang University Students Council in prison after 90 hours illegal arrest.

The Secretariat of the International Union of Students sends you its deepest regrets on the occasion which is yet one more example of the shameless atrocities which the Kuomintang Government is inflicting against China's democratic and peace loving students.

We take this opportunity to assure you that the IUS will do all it can to support the heroic struggle of the Chinese Students.

Yours sincerely
for and on behalf of the
International Union of Students

Josef Grohman　　Thomas A. Madden
President of the IUS　　Secretary of the IUS

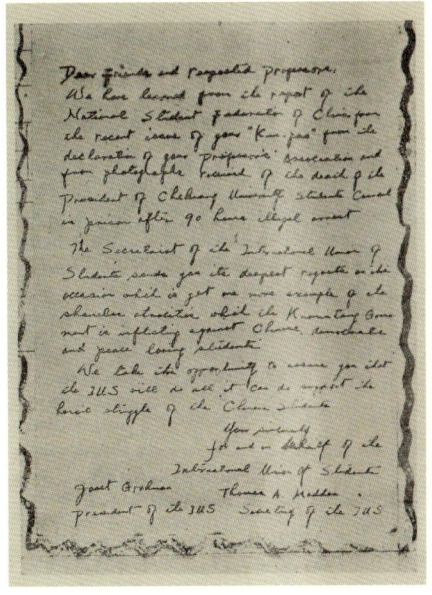

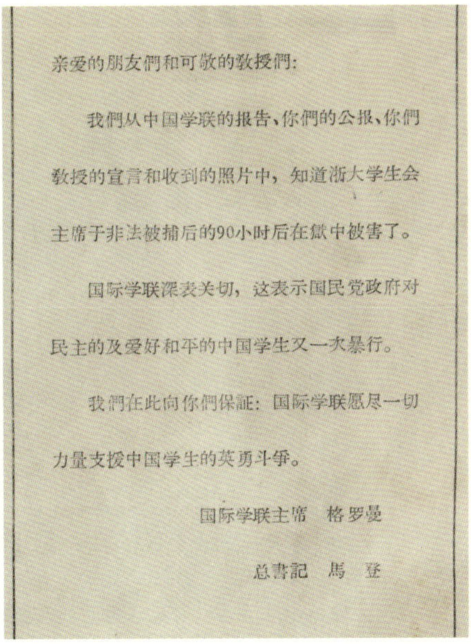

亲爱的朋友們和可敬的教授們：

我們从中国学联的报告、你們的公报、你們教授的宣言和收到的照片中，知道浙大学生会主席于非法被捕后的90小时后在獄中被害了。

国际学联深表关切，这表示国民党政府对民主的及爱好和平的中国学生又一次暴行。

我們在此向你們保证：国际学联愿尽一切力量支援中国学生的英勇斗争。

国际学联主席　格罗曼

总書記　馬　登

国际学联从布拉格发来信函，向浙大师生表示慰问和支援。信中说：“我们在此向你们保证：国际学联愿尽一切力量支援中国学生的英勇斗争。”

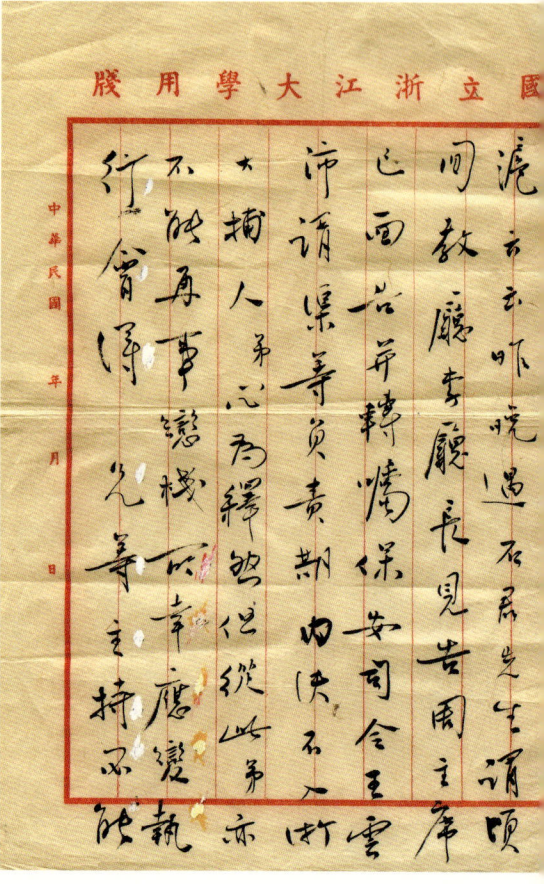
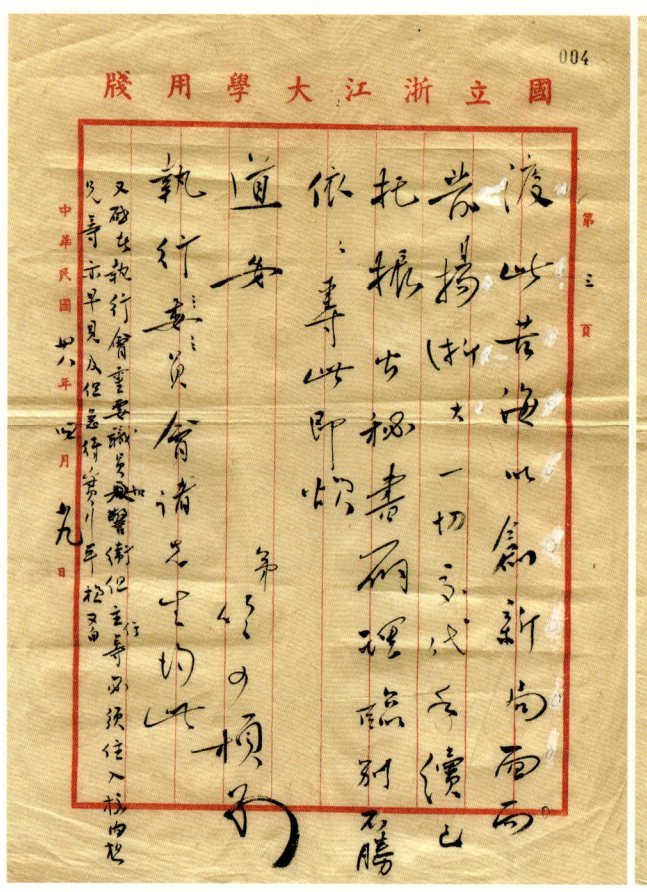

为抵制国民党当局迁校,防止特务破坏,学校修筑应变墙以保护校园。图为苏步青教授(中)在应变墙开工时讲话(摄于1949年)。

第四章 复员回杭迎黎明（1946—1949）

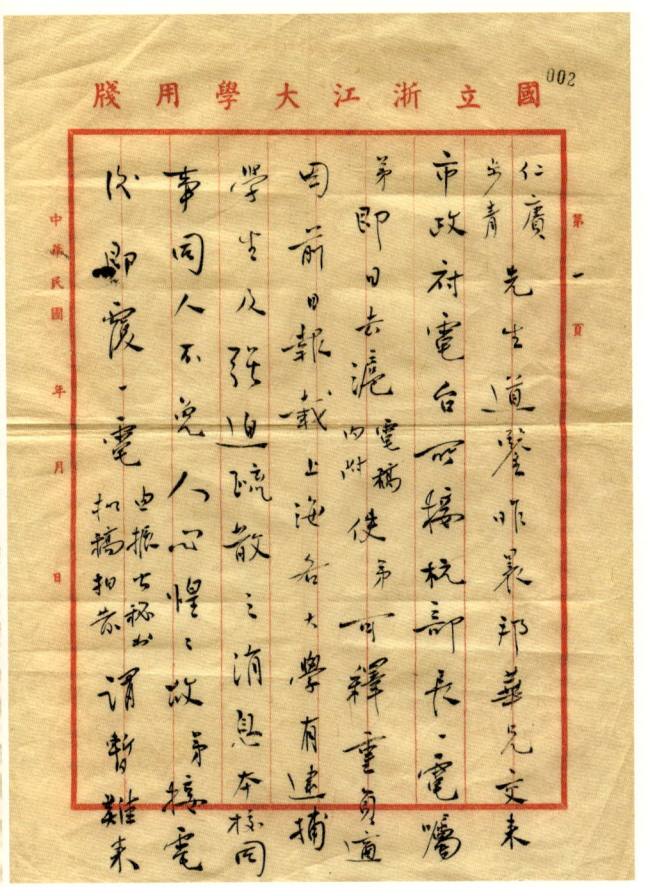

辽沈、淮海、平津三大战役之后，国民党反动政府的覆灭和人民解放战争的胜利已经指日可待。浙大师生对于即将到来的光明前景充满期待，积极做好迎接解放的各项准备。

1949年4月29日，竺可桢留函校应变委员会正副主席严仁赓、苏步青教授，嘱"创新局面，而发扬浙大"。

学生开展护校消防演习。

女生应变求生演习。

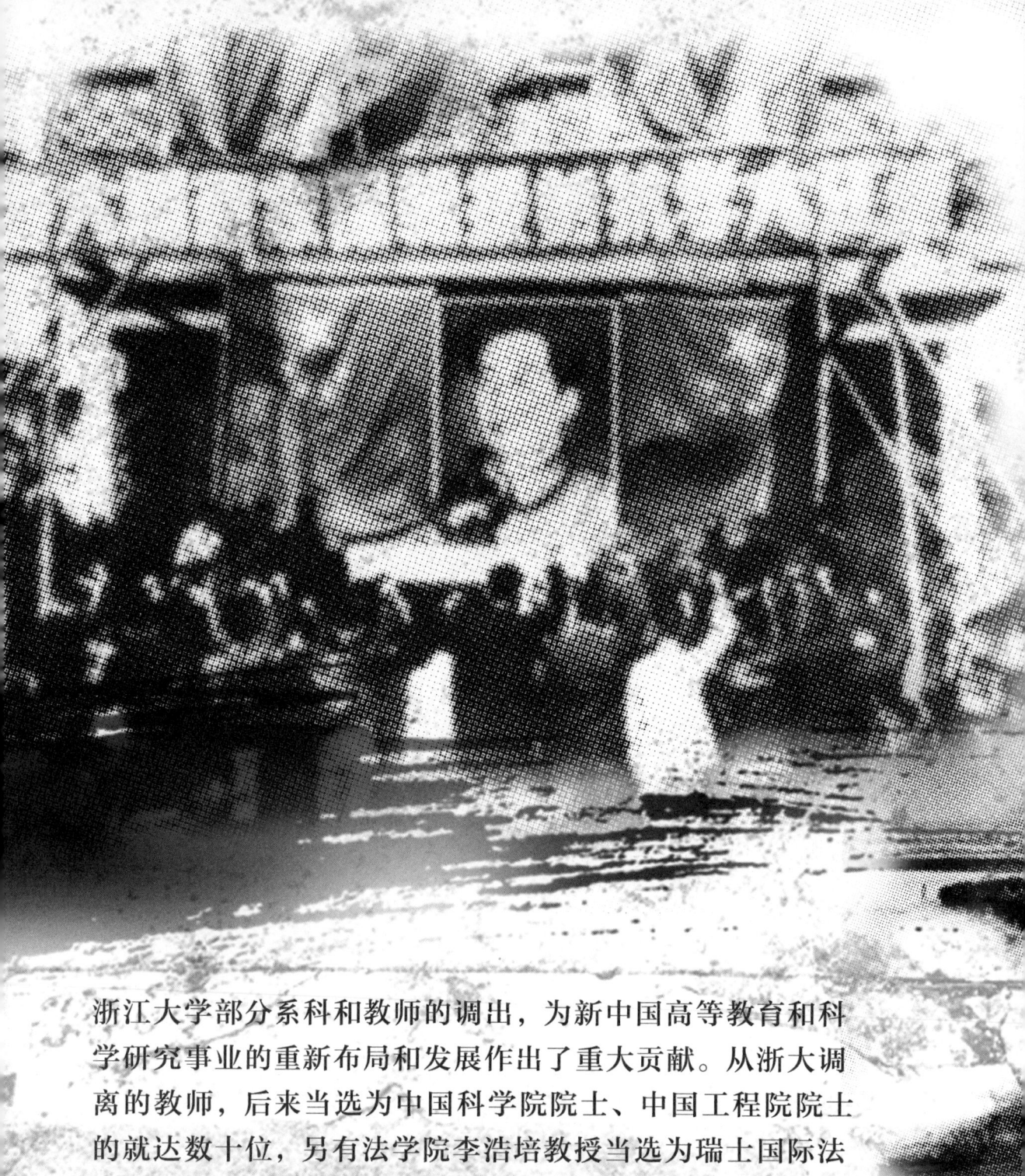

浙江大学部分系科和教师的调出，为新中国高等教育和科学研究事业的重新布局和发展作出了重大贡献。从浙大调离的教师，后来当选为中国科学院院士、中国工程院院士的就达数十位，另有法学院李浩培教授当选为瑞士国际法研究院院士。同时，其他留在杭州的部分院系重新建校，分别发展成为浙江师范学院、浙江农学院、浙江医学院。

1949—1952

调整重组启新局

第五章
调整重组启新局 (1949—1952)

新中国成立后，浙江大学进入了发展的新纪元。特别是1952年实施的全国高校的院系调整，使浙江大学在新的办学格局上开启了继续前进的步伐，为新中国的教育和科技事业作出了新的贡献。

1949年5月3日杭州解放。1949年6月6日，中国人民解放军华东军区杭州市军事管制委员会决定对浙大实行军事接管，并派出军代表林乎加、副军代表刘亦夫到校实施接管。同日上午，临时校务委员会召开第10次会议，商议接管事宜。会上林乎加宣读了杭州市军管会第37号命令，指派农业经济学系教授刘潇然等9人为接管小组成员。接管小组在军代表直接领导下开展对学校的接管工作。

1949年8月，浙江省人民政府委任马寅初教授为浙江大学校长兼校务委员会主任委员。第一届校务委员会由马寅初等19人组成，马寅初、刘潇然为正、副主任委员。1951年5月，马寅初奉命调任北京大学校长，第二届校务委员会决定，由王国松副校长暂代校长职务。

1952年，教育部根据政务院提出的院系调整方针，在全国范围内进行了大规模的院系调整。经过1952年初和同年8月的两次调整，浙大的文、理、工、农、医等学科及师资，一部分分别调到复旦大学、华东师范大学、上海医学院、南京农学院、东北林学院、华东水利学院、华东航空学院、厦门大学、山东大学和南京大学等校，以及中国科学院；一部分单独组建新的学校。浙大的各研究所也随着相应的院系进行了调整。

浙江大学部分系科和教师的调出，为新中国高等教育和科学研究事业的重新布局和发展作出了重大贡献。据不完全统计，从浙大调离的教师，后来当选为中国科学院院士、中国工程院院士的就达数十位，另有法学院李浩培教授当选为瑞士国际法研究院院士。同时，其他留在杭州的部分院系重新建校，分别发展成为浙江师范学院、浙江农学院、浙江医学院。几十年中，源出一脉的四所高校继承和发扬"求是"传统，紧紧围绕我国社会主义建设需要，培育人才，创新科技，服务社会，各自发展成为所在领域中实力较强、影响突出的高水平大学，形成了以"求是"精神为共同价值追求、体现学科差异和办学特色的大学文化，为国家的高等教育事业和科学技术的发展作出了积极贡献。

拥抱新时代

1949年杭州解放后,中国人民解放军华东军区杭州市军事管制委员会对浙江大学实行军事接管。图为浙大学生欢迎人民解放军。

农学院应届毕业生陆秋农(前排左二)、林尔壎(后排左一)、钱泽澍(后排左四)参加军事接管小组,负责接管浙江省良种繁育站。

马寅初出任校长

马寅初（1882—1982）

经济学家、人口学家、教育家。1914年获美国哥伦比亚大学研究院经济学博士学位。1949—1951年任浙江大学校长。20世纪50年代提出"新人口论"，对当代中国的人口发展产生了深远影响。1955年当选为中国科学院学部委员（院士）。

1950年4月1—3日，学校召开首届师生员工代表会议，大会共收到965条提案和建议。图为马寅初校长在会上讲话。

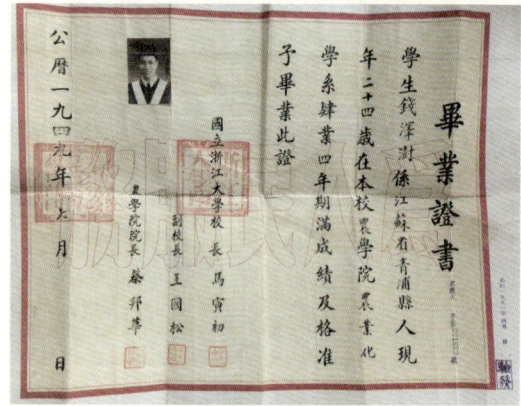

1949年7月，浙江大学迎来杭州解放后的第一届毕业生。图为农学院农业化学系本科学生的毕业证书。

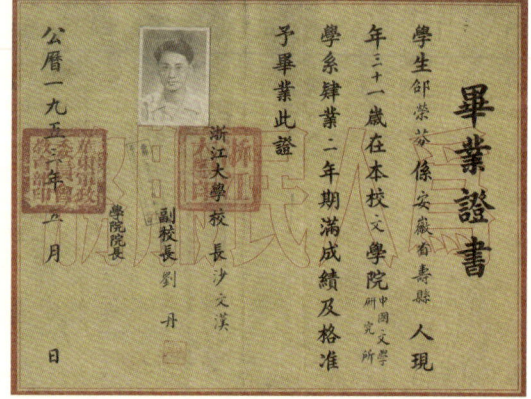

新中国成立后，浙江大学继续开展研究生教育。图为1953年5月文学院中国文学研究所研究生的毕业证书。

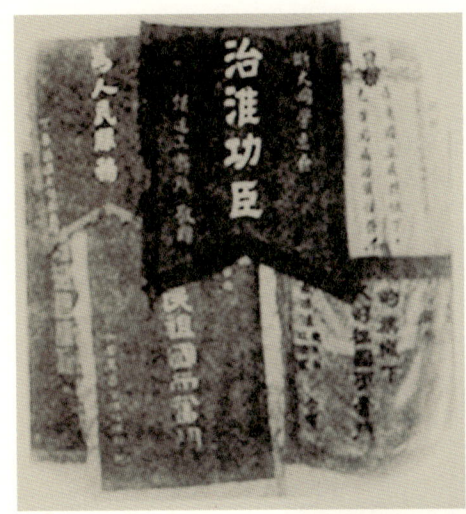

土木系学生参加治淮工程获得的锦旗。

从1949年5月到1952年底这段时间里,浙大教学质量稳步提升,在这时期的毕业学生中后来被评为中国科学院院士的有王元、吕敏、陈耀祖、沈家骢、潘家铮等14位之多。图为农学院畜牧兽医系第一届毕业生合影(摄于1951年)。

20世纪书坛泰斗沙孟海于1949—1952年任教于浙江大学中文系。

参加抗美援朝

1950年6月朝鲜战争爆发。浙江大学教师纷纷报名参加抗美援朝战争。图为学校举行的抗美援朝保家卫国大会现场。

医学院附属医院11人组成的医疗队,参加抗美援朝医疗大队第二中队。

农学院两名教师赴朝鲜参加细菌防疫检验。青年教师柳支英运用其专业知识,提出判别敌投昆虫的"三联系、七反常、一对照"原则,在反细菌战中发挥了重要作用,三次受到中国人民志愿军司令员彭德怀的集体接见和慰问。图为抗美援朝志愿防疫检疫部队部分同志合影(第二排右起第三人为柳支英)。

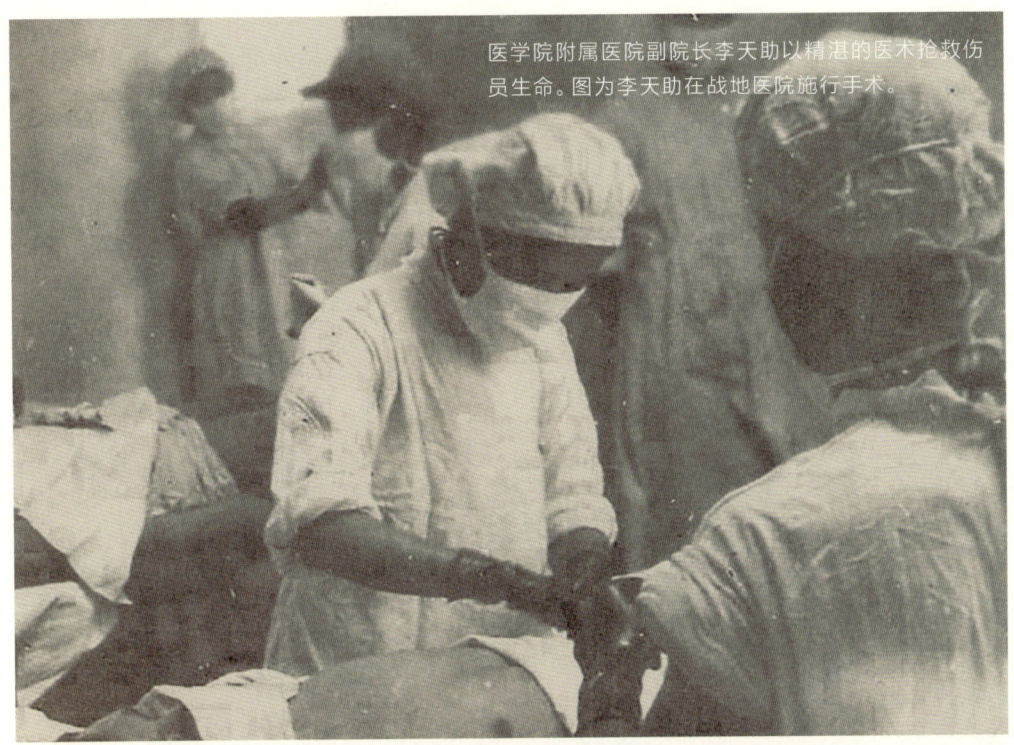

医学院附属医院副院长李天助以精湛的医术抢救伤员生命。图为李天助在战地医院施行手术。

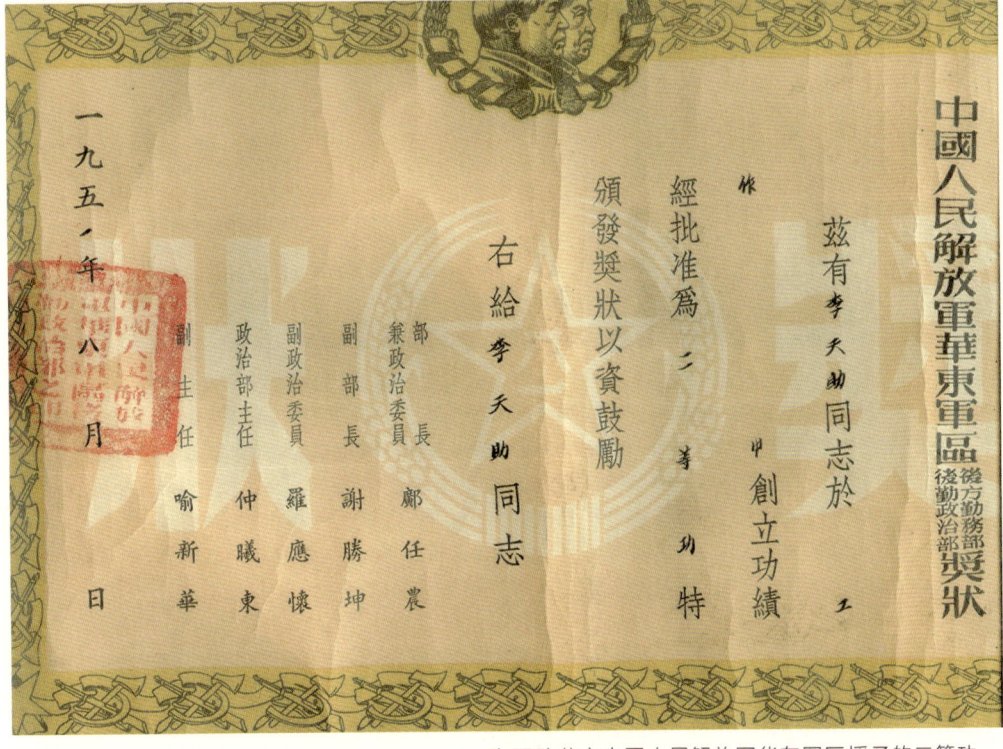

李天助荣立中国人民解放军华东军区授予的二等功。

院系调整惠四方

全国院系调整之前,浙江大学已经经历了内部调整和外部调整。内部调整包括撤销、停办师范学院、法学院和文学院史地学系的历史组等。外部调整包括之江大学工学院的土木系、机械系并入浙江大学,英士大学工学院、农学院和文理学院的数学、物理、中文各系并入浙江大学;厦门大学等高校的部分院系划入浙江大学。1952年院系调整时,浙江大学原有的7个学院所属各系除工学院留下电机、机械、化工、土木4系外,其他各系悉数外调。院系调整后,浙江大学的教授人数由1949年的126名减为32名,副教授由59名减为33名。

英士大学,初名省立浙江战时大学,筹建于1938年。1939年5月,为纪念在辛亥革命中作出突出贡献的陈英士先生,改称浙江省立英士大学,分设工、农、医三院于松阳、丽水两地。1942年5月英士大学内迁云和、泰顺,12月经国民政府行政院决议改为"国立英士大学",1945年11月迁至永嘉,1946年3月奉令移址金华。1949年8月,为金华市军管会接管。1949年,随着浙江杭州、金华等地的相继解放,一些设在省内的大学陆续停办或解散,原在金华的英士大学于1949年8月解散,其院系师生几乎全部并入浙江大学。与此同时,厦门大学的部分专业也并入浙江大学。图为设在金华的英士大学大礼堂。

1951年11月，全国工学院院长会议在北京召开，拟定了全国工学院的调整方案，并经政务院批准，全国院系调整的方针是：以培养工业建设人才和师资为重点，发展专门学院，整顿和加强综合大学，以华北、华东、中南为重点，实行全国一盘棋。经过调整使大多数省有一所综合性大学和工、农、医、师等专门学院，而学科比较齐全的清华大学、浙江大学等校改变成多科性工业大学。图为1952年4月16日，《人民日报》登载的《中央人民政府教育部关于全国工学院调整方案的报告》。

浙江大学院系调整流向图

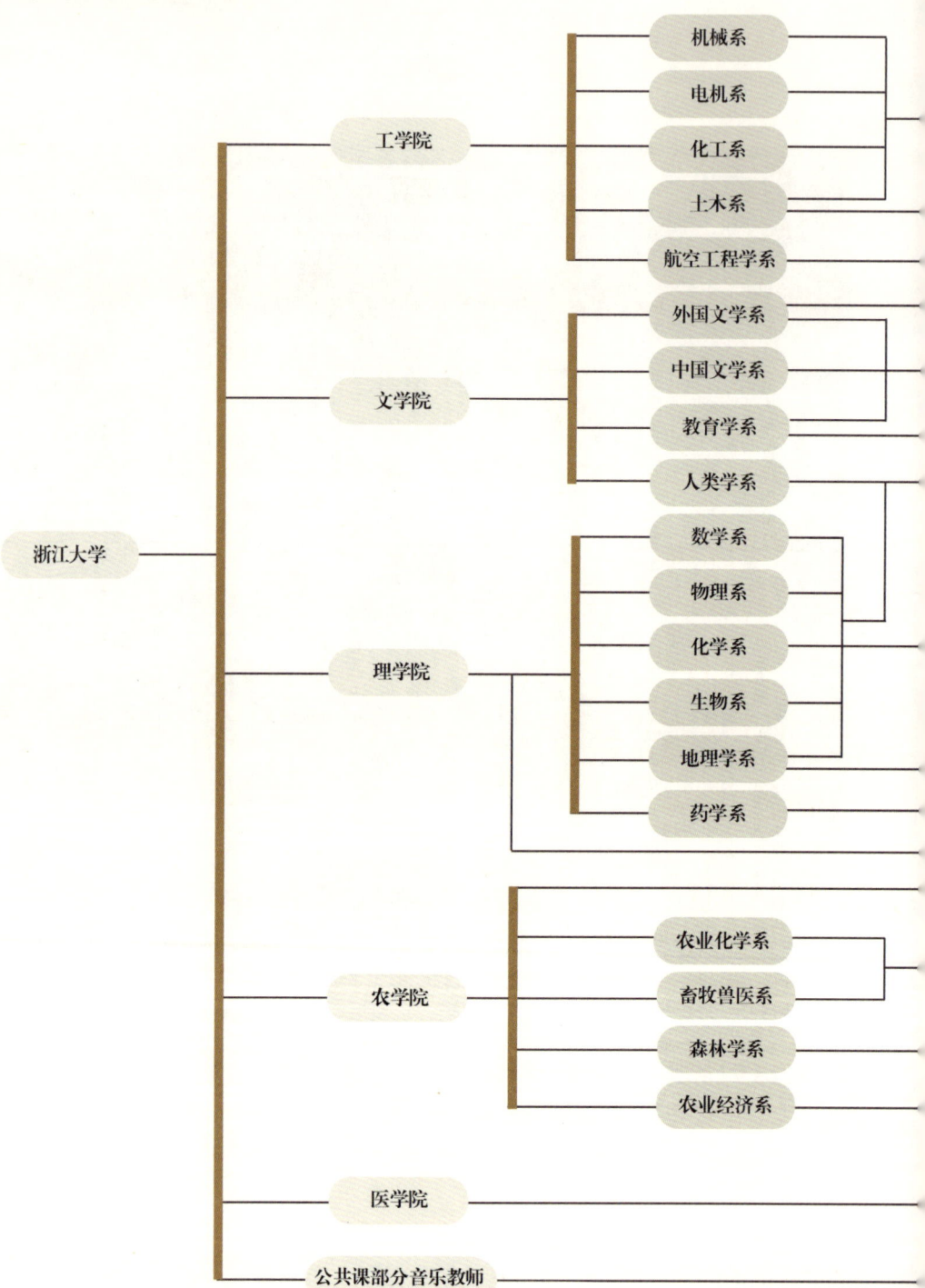

第五章 调整重组启新局（1949—1952）

```
────────────────────────────── 浙江大学

┌─ 华东水利学院
├─ 华东航空学院
├─ 上海外国语学院
├─ 浙江师范学院 ──────────── 杭州大学
├─ 复旦大学
├─ 中国科学院
├─ 南京大学
├─ 山东大学
├─ 厦门大学
├─ 华东师范大学
├─ 上海医学院
│
├─ 浙江农学院 ──────────── 浙江农业大学
├─ 南京农学院
├─ 东北林学院
├─ 北京农业大学
│
├─ 浙江医学院 ──────────── 浙江医科大学
└─ 上海音乐学院
```

1952
老和山下谱新篇
1998

老和山下的浙江大学坚持"两个中心,一个根本"和"两个并重"的办学思想,即坚持教学、科研两个中心和培养人这一根本任务,坚持教学、科研并重,本科生教育与研究生教育并重;推动从专业办学向系办教学、二级学科建研究所的新体制转变,实现了办学模式的重大转型。

到1998年四校合并之前,浙江大学已经发展成为以工为主、理工结合、兼有文管,教育质量和科学研究水平稳居国内同类大学前列,在国际上有影响的综合性理工科大学。

第六章
老和山下谱新篇（1952—1998）

老和山位于杭州西湖风景区，西邻西溪湿地，东临西湖，南面可到灵隐景区。登上老和山，远眺西湖，钱塘江隐约可见。

在老和山东侧的山脚下，矗立着一座红墙黑瓦、绿树掩映、古朴庄重的大学校园。1952年院系调整后的浙江大学就是在这里开始安营扎寨、繁衍生息、发展壮大的。

院系调整后，浙江大学由刚解放时一所拥有7个学院、24个系、10个研究所的综合性大学变成为一所多科性工业大学，设有机械、电机、化工、土木4个工程学系，10个四年制本科专业，10个二年制专修科专业。1953年，学校开始在西湖西北侧兴建老和山新校园，1956年底，新校园建设全部完成。1961年，杭州工学院并入浙江大学。

1957年，浙江大学在多科性工业大学中率先重建理科，逐步形成理工结合的办学格局。1963年，浙江大学恢复为教育部直属全国重点高等院校。1978年，划归中国科学院和浙江省委双重领导，以中国科学院为主。1980年，改为教育部和浙江省委双重领导，以教育部为主。1984年，浙江大学建立研究生院，开始形成本科生教育与研究生教育并重的教育体制。同年，学校提出了"宽口径、厚基础、促交叉、重能力"拔尖人才培养理念，创办了"混合班"，开始培养基础厚实、思路开阔、具有创新开拓能力的优秀人才的探索之旅。

1988年2月，著名流体传动专家路甬祥教授担任浙江大学校长。在路校长执掌浙江大学的近八年时间里，大力推进以提高办学水平为目标的综合改革。学校坚持"两个中心，一个根本"和"两个并重"的办学思想，即坚持教学、科研两个中心和培养人这一根本任务，坚持教学、科研并重，本科生教育与研究生教育并重；推动从专业办学向系办教学、二级学科建研究所的新体制转变，实现了办学模式的重大转型；探索建立了以业绩考核为特征的教师评价机制，极大地调动了广大教师的积极性和创造性。在加强理工科建设、调整办学结构的同时，新建了一批新兴学科和交叉学科，增设了经管、人文等院系。综合改革的实施，为浙江大学跻身国内高校前列奠定了坚实的基础。

1995年，著名计算机科学及人工智能专家潘云鹤教授担任校长，带领全校师生继续把综合改革向前推进,引向深入。当年,浙江大学通过了"211工程"部门预审,成为首批7所列入国家"211工程"建设计划的全国重点大学之一。到1998年四校合并之前,浙江大学已经发展成为以工为主、理工结合、兼有文管,教育质量和科学研究水平稳居国内同类大学前列,在国际上有影响的综合性理工科大学。

历任党委书记一览

姓　名	任　期
金孟加	1952.05—1952.09
刘亦夫	1952.09—1952.12
刘　丹	1952.12—1958.01
周荣鑫	1958.01—1962.03
陈伟达（兼）	1962.05—1968.03
刘　丹	1978.07—1978.12
刘　丹（党委第一书记）	1978.12—1982.06
张黎群（党委第二书记）	1978.12—1980.10
黄　固	1982.06—1985.10
梁树德	1985.10—1998.09

历任校长一览

姓　名	任　期
沙文汉（兼）	1952.10—1953.01
霍士廉（兼）	1953.04—1958.04
周荣鑫	1958.04—1962.03
陈伟达（兼）	1962.05—1968.04
钱三强（兼）	1978.12—1982.06
杨士林	1982.06—1984.02
韩祯祥	1984.02—1988.01
路甬祥	1988.01—1995.04
潘云鹤	1995.04—1998.09

迁址老和山

1952年院系调整后,学校成立"校舍建设委员会",酝酿选择新校址,1953年在西湖西北侧的老和山下开始兴建新校园。图为师生参加校园建设劳动场景。

20世纪50—60年代浙江大学校园鸟瞰。

1964 年的浙江大学校门。

20 世纪 50—60 年代浙江大学校园建筑群。

第六章　老和山下谱新篇(1952—1998)

院系调整后,浙大学习苏联教育经验,聘请苏联专家来校任教,以教师、教材、课堂为中心,取消学分制和选课制,培养国家急需的高级专门人才为教育目标,建立新的教育体系。1955年,周恩来总理还曾在杭州笕桥机场接见在浙大工作的苏联专家。图为苏联化工生产自动化专家萨多夫斯基为师生讲课(摄于20世纪50年代)。

苏联专家罗曼诺夫参加研究生论文答辩(摄于20世纪50年代)。

周荣鑫（1917—1976），1958年4月—1962年3月，周荣鑫任浙江大学党委书记、校长。曾任国务院秘书长、教育部部长。1958年，周荣鑫同志从北京调到了杭州，担任浙江大学党委书记兼校长，对浙江大学倾注了全部精力。他要求师生将学校科研与理论教育、实际生产三者结合起来，在努力扎实基础知识、刻苦钻研专业知识的同时，注重理论与实践的结合，为社会主义事业培养实用型人才。图为周荣鑫（左三）探望在田间劳作的学生（摄于1958年）。

光仪系学生作测角仪的实验（摄于20世纪60年代）。

教师在寝室为学生答疑（摄于20世纪60年代）。

土木系实验室教学（摄于20世纪60年代）。

重建理科

1956年底,鉴于院系调整后在教学、科研中出现的需求,学校采纳教师的提议,决定重建理科,并向高等教育部申请增设数学、物理、化学三个专业。

1957年3月14日,经高等教育部同意,浙大成立了数学系、物理系,在全国工科类院校中率先恢复理科。

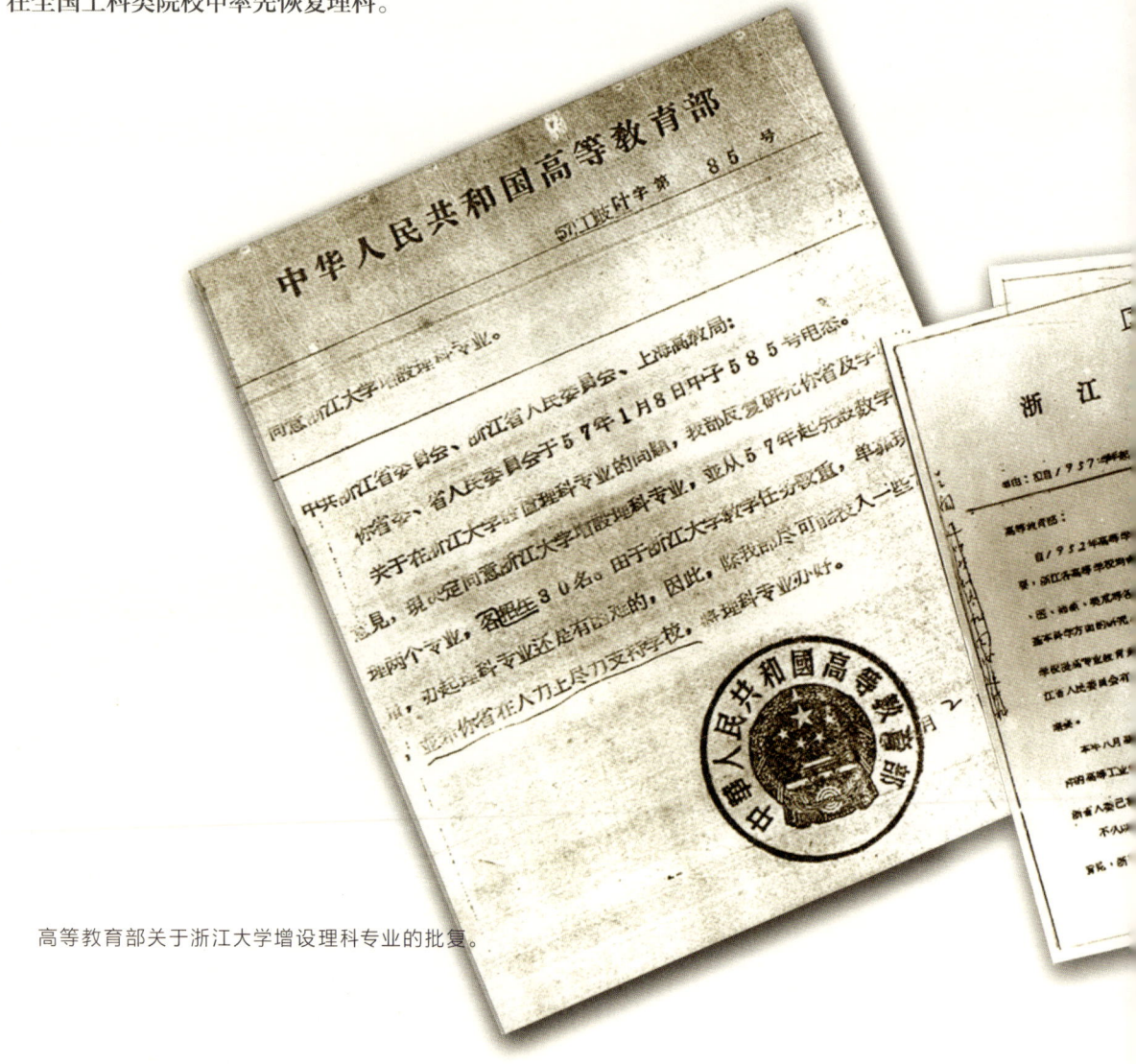

高等教育部关于浙江大学增设理科专业的批复。

第六章 老和山下谱新篇（1952—1998）

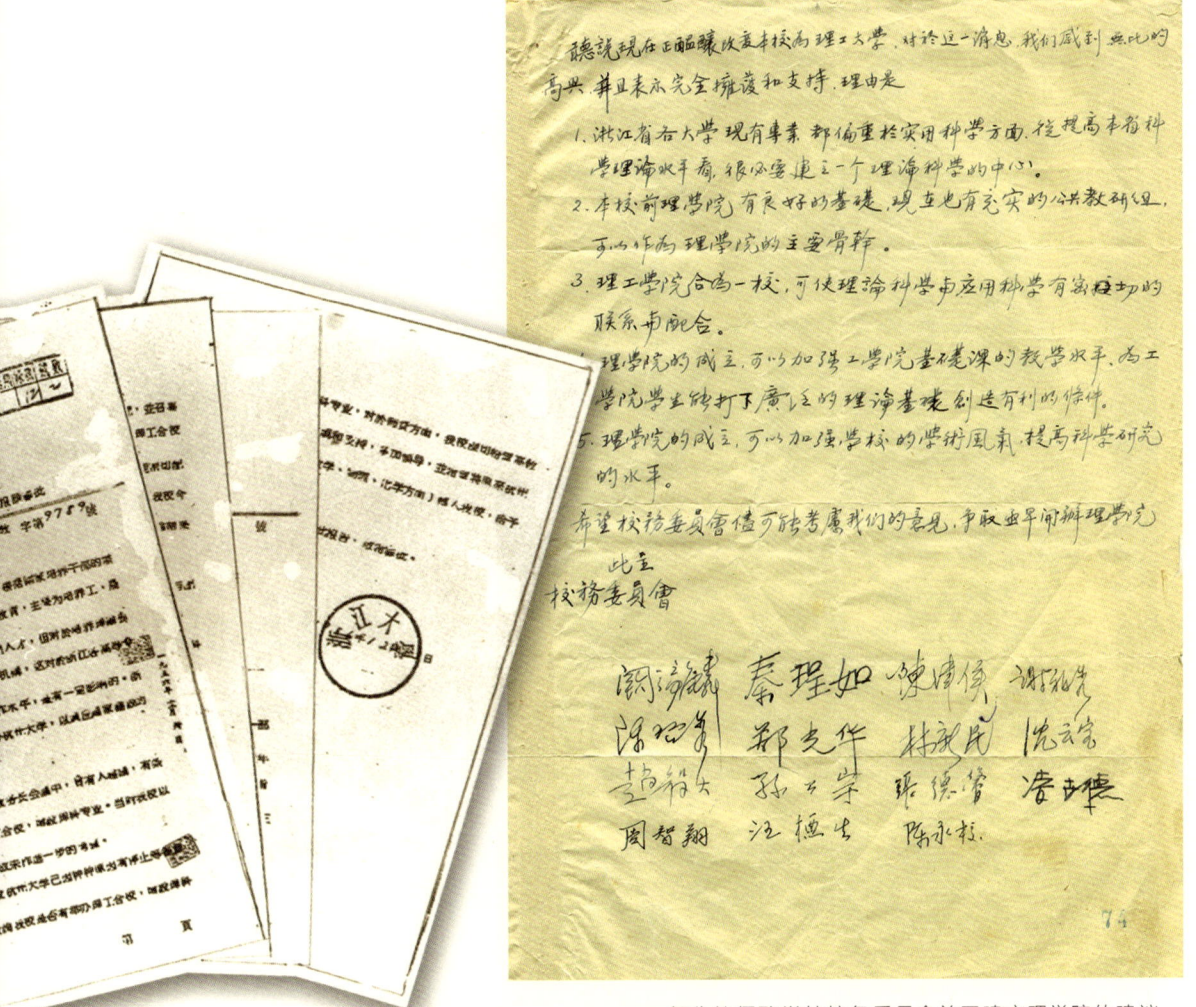

浙江大学关于重建理科专业有关系科给高等教育部的报告。

部分教师致学校校务委员会关于建立理学院的建议。

数力系学生在做普通物理杨氏模量实验（摄于20世纪60年代）。

数学系教师董光昌、梁友栋、蔡耀志在研讨（摄于20世纪60年代）。

浙江大学培养了大量优秀的工科人才。重建理科以后，工科的学生培养得到了进一步强化。1955 年毕业于电机系的臧克茂，1956 年、1960 年分别毕业于机械系的张同星和林俊德，后来都为我国的国防建设，尤其是核工业建设作出了突出贡献。

张同星带领大家突破工艺难关，完成试制新型核燃料的任务的工作现场（摄于 20 世纪 60 年代）。

臧克茂在现代坦克火炮控制和全电战斗车辆的理论研究与工程应用领域有重大的创造性成就，为我国坦克武器系统的信息化建设作出突出贡献。图为臧克茂（中）在教学科研第一线。

林俊德参与了中国全部 45 次核试验。图为林俊德（左一）和地下核试验参试人员完成任务后合影。（摄于 1969 年）。

在"文革"动乱中奋争

1970年,浙江省统一组织招生,招收工农兵学员476名。至1976年,共招六届,共计招收工农兵学员5083名。图为浙江大学1970—1973年首届工农兵学员毕业留影。

图为浙江大学革命委员会发布的《浙江大学革命委员会关于热烈欢迎工人毛泽东思想宣传队进校的决定》。

第六章 老和山下谱新篇（1952—1998）

1969年11月到1977年12月，浙江大学两千余名教职工，到设在临安的浙大五七干校，参加劳动，接受再教育。图为临安县浙大五七干校同学合影（摄于1974年9月15日）。

浙大土木系工民建70届工农兵学员毕业留念（摄于1973年12月4日）。

在动乱中,浙大的师生员工仍然忠诚于党的教育事业,尽可能坚持教学和科研,取得了一些成绩,甚至是难得的硕果。图为光仪系研制的250万幅/秒高速摄影机拍摄到我国第一颗氢弹爆炸的蘑菇云照片(摄于1967年)。

获全国科学大会奖的双水内冷发电机,主要研制者为郑光华、汪槱生等。1958年11月2日,时任全国人大常委会委员长的刘少奇视察浙江大学时曾到实验基地参观。图为汪槱生(中)正在进行电机交流调速研究。

1966年"文革"开始后不久,全国掀起"破四旧、立四新"潮流。8月24日,两千多名红卫兵冲向国家重点文物保护单位灵隐寺,准备采取破坏行动。消息传到浙大以后,数千浙大学生紧急赶往灵隐寺进行保护,使具有上千年历史的江南名刹在"文化大革命"中得以幸存。图为杭州灵隐寺。

全国科学大会崭露头角

1978年3月18—21日,第一次全国科学大会在北京召开,会议提出"向科学技术现代化进军"的号召。邓小平同志在大会开幕式上发表了重要讲话。大会表彰了一批科研成果,浙江大学有44项获奖,与此同时,杭州大学、浙江农业大学、浙江医科大学的多项科研成果也在科学大会上获奖。图为1978年全国科学大会会场。

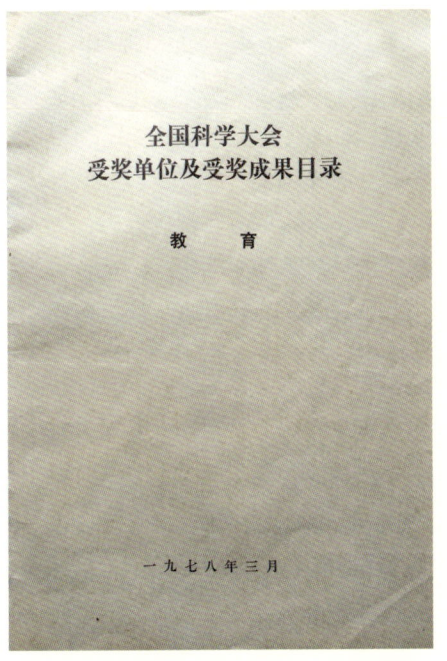
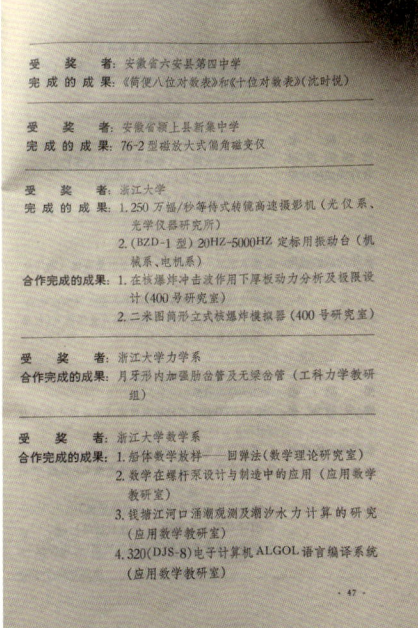

全国科学大会受奖单位及受奖成果目录文件。

浙江大学在全国科学大会上的获奖项目

部分获奖证书。

1. 数学在螺杆泵设计与制造中的应用
2. 船体数学放样回弹法
3. 正负法数控绘图
4. 样条曲线拟合与双圆弧逼近法数控绘图
5. 320(DJS—8) 电子计算机 ALGOL 语言编译系统
6. 钱塘江河口涌潮观测及潮汐水力计算的研究
7. 月牙形内加强肋岔管及无梁岔管
8. ZP 型破乳剂和超高分子量破乳剂—UH 系列
9. 石煤的成因、性质、开发和利用（石煤综合利用）
10. 小型无油润滑压氧机
11. 扁平绕带式高压容器
12. 旋流塔板
13. C_5 烃气——液平衡的研究
14. 高压容器的研究及应用 Ø1010mm 氨合成塔断裂力学安全分析
15. 双人双目大物镜型可变倍手术显微镜
16. 250 万幅／秒等待式转镜高速摄影机

17. 中低频激光振动标准装置测振仪研究
18. ZZF—5310 非接触式位移振幅测量仪研究
19. BZD—1 型 20HZ—5000HZ 定标用振动台
20. 20 吨液压振动台
21. 中频振动标准装置
22. 双水内冷电机的研究
23. 250 千瓦 2500 赫可控硅中频电源
24. 428 千伏安超导交流同步发电机
25. 晶体管成套线路保护装置的研制
26. 31 千伏高压直流输电
27. 全分子筛吸附硅烷法制取超纯硅的研究
28. 钠质膨润土性能评定
29. 多层绝热法及低温容器的研制
30. 使用石煤与劣质煤的沸腾炉燃烧机理
31. 汽油转子发动机
32. N—101, S—107 型液氮冷冻治疗器及临床应用
33. 气象自动填图机
34. 光电光波比长仪
35. 论脉状钨锡铍矿床储量预测
36. 2m 核爆炸模爆装置
37. 混凝土空心砌块建筑
38. 冷拔低碳钢丝预应力混凝土中小构件
39. 软土地基设计计算理论和施工处理技术
40. 大跨网架屋盖结构的计算方法
41. 在核爆炸冲击波作用下厚板动力分析及极限设计
42~44. 保密三项

在改革开放时代奋勇崛起

1978年3月25日,中国科学院和浙江省革命委员会向国务院报告,同意浙江大学归属中国科学院和浙江省委双重领导,以中国科学院为主。1979年2月8日,中国科学院党组任命中国科学院副院长钱三强兼任浙江大学校长。此前,中共中央已经于1978年12月批准钱三强担任浙江大学校长。钱三强(1913—1992)是著名核物理学家,1978—1982年任浙江大学校长。1999年被授予"两弹一星"功勋奖章。图为钱三强校长(中)巡查校园(摄于1979年4月)。

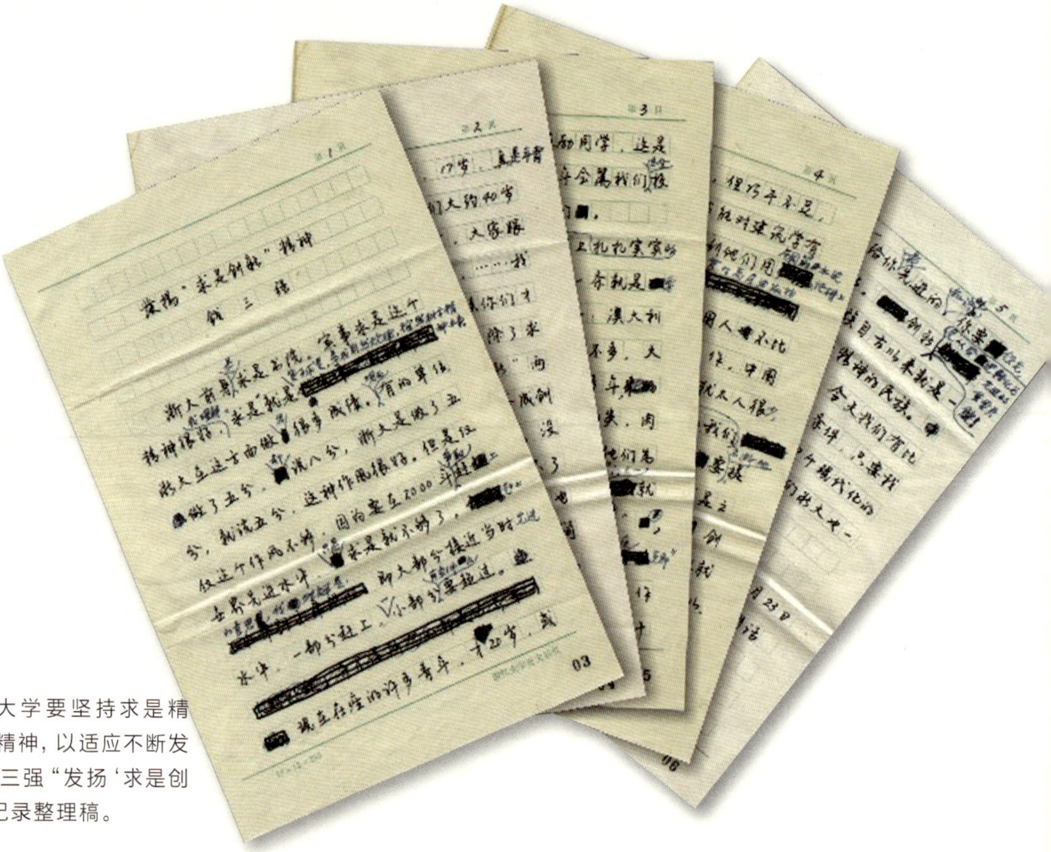

钱三强提出浙江大学要坚持求是精神,也要发扬创新精神,以适应不断发展的需要。图为钱三强"发扬'求是创新'精神"讲话的记录整理稿。

1979年5月,浙江大学访美代表团一行8人,在党委第一书记刘丹的率领下对美国进行为期一个月的访问。这是改革开放后我国最早出访的大学代表团之一。代表团先后访问了斯坦福大学、哥伦比亚大学、宾夕法尼亚大学、麻省理工学院等14所美国高等院校,以及匹兹堡西屋电气公司原子能研究所等3个研究所和实验室,增进了对世界高等教育和科学技术的了解,开辟了国际交流的新渠道。图为浙江大学代表团在美国时的合影(左三起:王启东、刘丹、侯虞钧、李文铸、吕维雪、周春晖、缪进鸿、何志均,摄于1979年)。

代表团回国后,起草了考察报告,提出了一系列建议,其中关于建立综合性大学的主张,引起较大社会反响,并对日后浙江大学乃至中国高等教育的发展产生了重要影响。图为《浙江大学代表团访美报告》。

刘丹（1909—1989），革命家、教育家。长期担任浙江大学的主要领导，为浙江大学的改革、建设和发展呕心沥血，作出了重要贡献。1982年任浙江大学名誉校长。图为刘丹（右一）与教师座谈（摄于20世纪60年代）。

1983年6月，刘丹与南京大学匡亚明、天津大学李曙森、大连工学院屈伯川联名向中央建议加速建设一批重点大学。

浙江大学研究生培养专门机构可以追溯到1942年成立的国立浙江大学研究院。从1950年至1965年学校仍坚持培养研究生。1966年"文革"开始后，研究生培养工作中断。1978年根据教育部《关于高等学校招收研究生的意见》，浙江大学恢复招收研究生。图为浙江大学科学管理工程系首届研究生毕业合影（摄于1981年11月）。

1984年12月，浙江大学建立研究生院，开始形成本科生教育与研究生教育并重的教育体制。图为浙江大学研究生院成立大会场景（摄于1984年12月）。

浙江大学首届博士毕业生合影（摄于1984年）。

路甬祥校长给毕业研究生授予学位。

浙江大学培养的首位博士学位获得者龚晓南进行学位论文答辩（摄于1984年）。

浙江大学培养的第一位女博士潘勤敏在实验室工作（摄于1984年）。

杨士林教授在指导研究生。

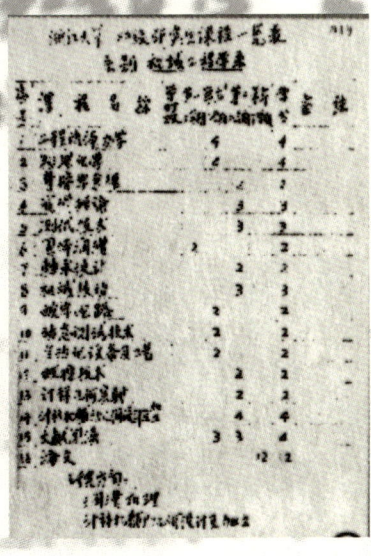

20世纪80年代级研究生课程表。

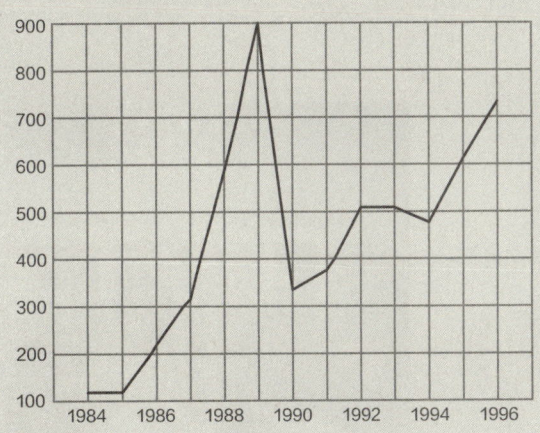
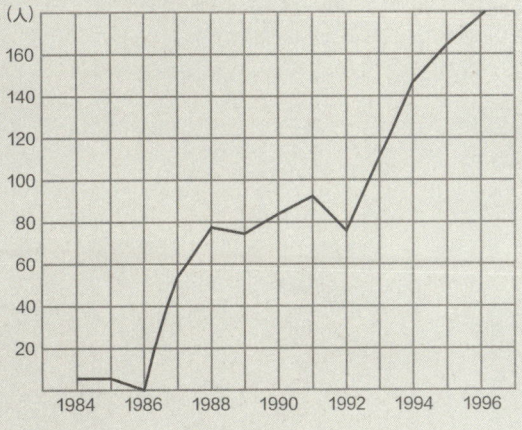

研究生院成立后，浙江大学研究生教育规模不断扩大。

1984年7月，校长办公会议讨论决定创办混合班，又称尖子班，从1984年度工科各专业新生中，挑选90名优秀学生编成三个混合班，集中一年半时间进行特殊培养。混合班的培养目标和规格是：着重理科训练，实行理工渗透，按特殊规格，培养开拓创新型高级科学技术人才。图为浙江大学首届混合班学生结业合影（摄于1985年12月）。

混合班学生上课使用的教材，多为英文原版教材。图为物理、化学、计算机等教材书影。

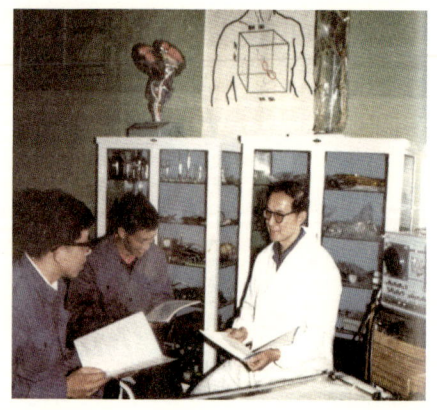

吕维雪教授（右一）在指导学生做实验。

参加混合班多学科讨论小组学术交流会的同学合影（摄于20世纪80年代）。

1986年，学校举行首届混合班基础教学结业仪式，总结了混合班84级的经验，决定混合班85级开始按电类、机类和化类等内涵比较宽的专业方向授课，促使优秀学生成为自己领域中的专家。

在西德从事研究期间
路甬祥完成四项专利发明
他谢绝了美国、西德的高薪聘用，说："我的事业在中国"

本报讯 年龄不到四十岁的年轻科技工作者、共产党员路甬祥，从1979年6月去西德亚琛工业大学液压与气动研究所从事研究工作以来，连续完成了四项专利发明。

路甬祥1964年毕业于浙江大学，后留校任机械系讲师、液压实验室负责人。1979年他获"洪堡基金会"奖学金去西德。路甬祥在毕业后一直从事液压专业方面的工作，基于他多年理论和实践经验，凭借……"电液比例调速装置"两项新原理，受到他的教授、该研究所所长贝克的重视。在经过计算机模拟和大量实验证实以后，路甬祥作为发明人、贝克教授作为申请人，在西德专利局申请了以上两项发明专利。1980年2月，他又与贝克教授合作提出"液……明，也在西德专利局请了专利。这几项发明将转让给欧美几家液压公司。

根据贝克教授的议，路甬祥得到亚琛工业大学校长批准免于博士论文前考试，以他的发明为题——《带有双通道嵌入阀的执行机构和内反馈式的换向比例阀发展》，完成博士论文。目前论文已经脱稿……

鉴于路甬祥的才能，美国在西德一液压公司和液压气动研究所都愿出高薪……

路甬祥学成归来，报效祖国，引起重大反响。图为《人民日报》对路甬祥的报道。

路甬祥（1942— ），中国科学院、中国工程院院士。1964年浙江大学机械系毕业后留校任教。1979—1981年，在德国亚琛工业大学液压和气动研究所进修并获得博士学位。进修期间，路甬祥发明了电液比例控制新技术，攻克了国际液压界近百年来没有解决的问题，在电液比例控制技术领域取得4项重要发明专利。这些发明，使国际液压传动与控制技术获得重大突破，被评价为"崭新的八十年代液压技术"。1988年出任浙江大学校长。图为路甬祥教授在做科学实验。

1989年1月，国家教委发文批准了清华大学、浙江大学两所大学的综合改革试点方案。浙江大学综合改革的总体目标是：把浙江大学建设成为具有中国特色和自身特点的，以工为主、理工结合、人文经管协调发展、教育质量和科研水平稳定全面地居于国内同类大学前列，能适应社会主义商品经济与社会发展、世界新技术革命挑战和21世纪经济振兴的、在国际上有影响的综合性理工科大学。时任校长路甬祥主持浙江大学时推进浙江大学综合改革，明确将学校由教学型大学转变为教学研究型大学，由本科生教学为主转变为本科生和研究生教学并重，激励了教师干部的积极性、创造性，学校业绩快速提升。图为1989年1月28日，国家教委批复同意浙江大学和清华大学实施综合改革的文件。

通过综合改革，学校教学、科研水平大幅提升，形成了一批国家工程研究中心、国家重点学科、国家重点实验室。图为电力电子应用技术国家工程研究中心韩祯祥教授（左一）带领课题组部分教师开展研究。

化学工程联合国家重点学科侯虞钧教授与老师们一起研究课题（摄于20世纪80年代）。

综合改革大大提高了教师从事科研工作的积极性。图为阙端麟教授在实验室从事硅单晶研究（摄于20世纪50年代）。

工业自动化国家重点学科带头人周春晖教授在指导学生。

沈之荃教授在实验室（摄于20世纪80年代）。

力学系沈天耀教授(右一)等研究的"离心通风机内流理论及设计计算系统的研究与应用"项目,获国家科技进步一等奖。

岑可法教授在实验现场。

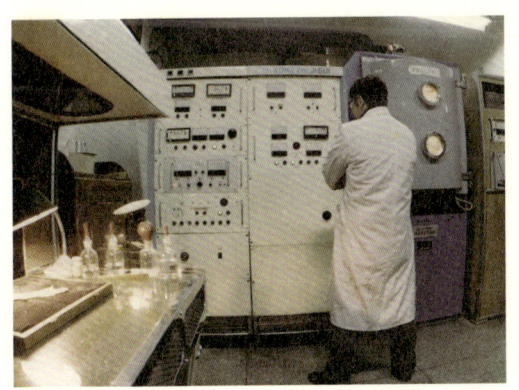

现代光学仪器国家重点实验室正在进行薄膜光学研究。

1984年,由胡建雄带队的浙江大学代表团到香港交流,经与著名企业家、慈善家邵逸夫取得联系,决定由邵逸夫先生捐资,建设科学馆和体育馆,改善浙江大学师生科学交流与文体活动的条件。图为1986年落成的邵逸夫科学馆。

首批进入"211工程"

"211工程"是我国为提升大学办学质量、增强国家创新能力的一项重大战略。1995年首批进入"211工程"重点建设的7所大学为:清华大学、北京大学、浙江大学、复旦大学、上海交通大学、西安交通大学、南京大学。图为浙江大学"211工程"部门预审会(摄于1996年)。

1998年浙江大学国家重点学科与科学研究基地

国家级重点学科								国家工程研究中心	国家重点（专业）实验室							国家工程技术研究中心
应用数学（联合基础数学）	流体传动及控制	光学仪器	工程热物理	电力系统及其自动化	半导体材料	化学工程	工业自动化	电力电子应用技术	硅材料科学	聚合反应工程	计算机辅助设计与图形学	工业控制技术	流动传动及控制	现代光学仪器	电力电子技术（专业）	二次资源化工（专业）	生物传感器技术（专业）	光学仪器	水煤浆

1998年，浙江大学共设13个学院、33个学系、66个博士点、11个博士后流动站。有教职工4300余人，其中教授300余人，两院院士11人；在校全日制学生13200余人，其中研究生3200余人。图为1998年四校合并前浙江大学国家重点学科和科学研究基地一览。

1997年，浙江大学迎来百年校庆。时任中共中央总书记、国家主席江泽民题词："继承和发扬求是传统 为发展我国教育科技事业作出新的贡献"。时任中共中央政治局常委、国务院总理李鹏题词："发扬浙江大学求是校风，努力培养优秀建国人才"。时任中共中央政治局常委、全国人大常委会委员长乔石题词："坚持实事求是 坚持改革开放 培养社会主义现代化建设优秀人才"。百年校庆之际，浙江大学努力建设成为一所跻身世界一流的社会主义大学，为我国的社会主义建设事业培养出更多跨世纪的优秀人才。

19
西浔
19

保俶山下，
所在地。杭
合并之际，
实力较强、
一定影响的

河滨吟弦歌

溪河畔，坐落着一座端庄、典雅的美丽校园，这里就是原杭州大学办学
大学以"求是、育英"为校训，在国内外赢得了良好声誉，1998年四校
成为一所文、理、商、法、工、管、教育等学科齐全、基础较为雄厚、
体水平较高、办学效益显著，与社会经济发展联系密切，并在国际上有
合性大学。

第七章
西溪河滨吟弦歌 (1952—1998)

保俶山下,西溪河畔,坐落着一座端庄、典雅的美丽校园,这里就是原杭州大学办学所在地。作为一所文理为主,经、管、工科兼备的高等学府,杭州大学历经四十多年岁月洗礼,到1998年四校合并组建新浙大之前,已经稳居国内省属综合性大学的前列,成为同类高校中的翘楚。

1952年全国高等学校院系调整,以浙江大学文学院和理学院、之江大学文理学院为主体,合并解放后创办的浙江师范专科学校、浙江俄文专科学校,成立浙江师范学院,院址设在秦望山上原之江大学校址。

1957年,浙江师范学院迁入杭州市松木场道古桥(现天目山路)新校址,将原之江大学校址改为分部。学院设有中文、俄语、历史、地理、教育、数学、物理、化学、生物9个系和政治、体育2个专修科。

1958年上半年,中共浙江省委决定筹办综合性的杭州大学。7月,杭州大学成立,校址设在杭州市文三街,设中文、新闻、生物、化学、数学、物理6个系,学制4年。新创办的杭州大学于1958年暑假开始招生,9月正式开学。同年12月,杭州大学、浙江师范学院两校合并,定名"杭州大学"。两校合并后的杭州大学,定位为以人文社会科学为中心、文理并举的新型的综合性大学。原浙江师范学院所有的之江大学旧址校舍随后划归浙江省委党校。1960年7月,浙江省委又决定杭州大学与浙江省委党校合并,对外仍挂两块牌子。1961年11月,杭州大学与浙江省委党校分开设立。

杭州大学对传统文理专业实行调整、保护和提高的方针,中国古典文献学、汉语史、中国古代文学、西方哲学史、比较教育学、教育史、历史地理、工业心理学、基础数学、计算数学、有机化学等,都达到了国内先进水平,部分学科在国际上具有一定影响。对适应社会需要的前沿性、应用性专业,实行优先发展、拓宽面向的方针,旅游、财政、经济、外语、法律、新闻、经济地理学与城乡区域规划、图书情报与档案学、文物与博物馆、保险等一大批应用学科、专业得到了发展,旅游管理成为所在学科拥有国内最早的硕士学位授权点。学校还尝试实行新老专业的交叉与文理渗透,建设适应科技发展趋势的边缘、交叉学科和高新技术学科,新建了环境、生物工程、材料科学、信息科学、人口研究等学科、专业。

杭州大学以"求是、育英"为校训,坚持"打好基础、拓宽知识、加强实践、培养能力"的人才培养模式和因材施教的教育原则,紧紧把握提高水平和服务地方两个方向,重视学术梯队建设,重视青年教师在学校各项事业发展中的重要骨干作用,鼓励科学研究和创造发明,积极开展国际合作,不断夯实办学基础,综合实力和办学水平不断提高,社会效益显著,在国内外赢得了良好声誉。在1985—1995年的10年间,学校承担国家级科研项目数列地方高校之首,全国高校第13位,科研经费居国内同类大学前列,其综合实力列地方综合性院校之首。

1996年,杭州大学通过"211工程"部门预评审,正式成为国家面向21世纪重点建设的100所高校之一。四校合并之际,杭州大学已成为一所文、理、商、法、工、管、教育等学科齐全、基础较为雄厚、实力较强、总体水平较高、办学效益显著,与社会经济发展联系密切,并在国际上有一定影响的综合性大学。

历任党委书记一览

校 名	姓 名	任 期
浙江师范学院	刘 丹	1952.02—1952.12
	焦梦晓	1952.12—1958.06
	陈烙痕	1958.06—1958.11
杭州大学	陈烙痕	1959.07—1961.12
	周 林（党委第一书记）	1961.12—1962.05
	陈烙痕（党委第二书记）	1961.12—1968.03
	吕志先	1962.05—1963.07
	吕志先	1964.04—1965.01
	杨海波	1972.04—1977.09
	刘活源	1977.09—1980.08
	黄逸宾	1980.08—1983.09
	夏越炯	1983.09—1986.01
	薛艳庄	1986.01—1992.05
	郑造桓	1992.05—1998.09

历任校长（院长）一览

校 名	姓 名	任 期
浙江师范学院	刘 丹（兼）	1952.02—1952.12
	俞仲武（兼）	1952.12—1957.05
	陈 立	1957.05—1958.11
杭州大学	林乎加（兼）	1959.05—1962.05
	吕志先（兼）	1962.05—1964.04
	王家扬（兼）	1978.07—1979.03
	陈 立	1979.03—1983.09
	薛艳庄	1983.09—1986.01
	沈善洪	1986.01—1996.06
	郑小明	1996.06—1998.09

```
浙江师范专科学校 ─┐
之江大学文理学院  ├─ 浙江师范学院 ── 杭州大学
浙江大学文学院、理学院 ─┤
浙江俄文专科学校 ─┘
```

1952年成立的浙江师范学院,院址设于钱江之滨、秦望山麓的原之江大学旧址。图为浙江师范学院校舍。

成立浙江师范学院

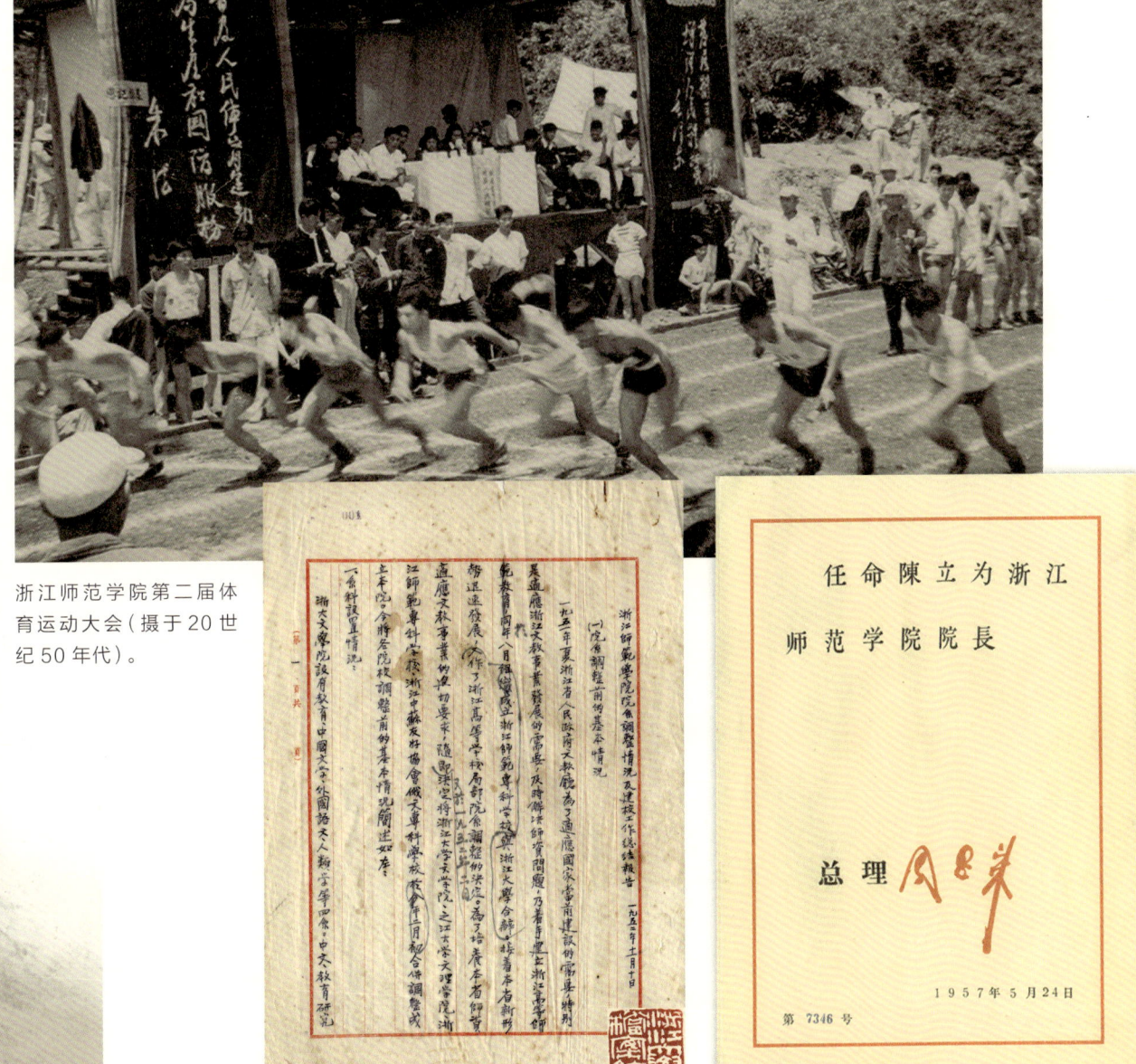

浙江师范学院第二届体育运动大会（摄于20世纪50年代）。

针对当时中等学校师资缺乏的状况，浙江师范学院有计划地进行了系科建设。1952年2月，设教育、中文、外文3个系，以培养高中师资为主；历史、地理、数学、物理、化学、生物和体育7个专修科，以培养初中师资为主。图为浙江师范学院院系调整情况及建校工作总结报告。

1957年，国务院总理周恩来任命陈立为浙江师范学院院长。

之江大学鸟瞰。

第七章 西溪河滨吟弦歌——杭州大学（1952—1998）

之江大学的前身是宁波崇信义塾，1845年由美国基督教长老会麦卡迪等人创办的。1867年，崇信义塾从宁波迁到杭州，先设于皮市巷，后设于大塔儿巷，改名为育英义塾，分正、预两科，各4年。1897年，正式改为"育英书院"。由于原来校舍狭小，从1907年起，在杭州秦望山麓二龙头修建新校舍，占地面积300余亩。1911年2月正式迁入新校舍，因地处钱塘江弯曲处，成"之"字形，故取名"之江学堂"。1914年，又改名为之江大学。1928年后，因局势动荡，之江大学一度停办、复校。1951年，之江大学被浙江省文教厅接管，美籍教员离校回国。

1912年，孙中山先生视察之江大学，并与之江大学师生合影留念（摄于1912年12月10日）。

浙江大学图史

合并成立杭州大学

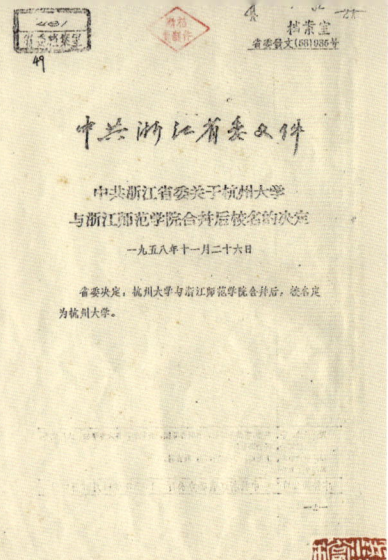

1958年暑期，新成立的杭州大学正式招生。当年11月，浙江省委决定，浙江师范学院与杭州大学合并，定名杭州大学。图为浙江省委决定合并成立杭州大学的文件。

杭州大学、浙江师范学院合并后成立的杭州大学校址在文三路和道古桥一带。图为20世纪80年代面朝天目山路的杭州大学校门。

田家炳书院。

行政楼与图书馆。

东二教学楼。

西三教学楼。

文理为主、多学科交叉的办学格局

陈建功（1893—1971）

数学家，中国科学院学部委员（院士）。曾三度留学日本，1929 年获日本东北帝国大学理学博士学位。曾任浙江大学数学系主任、台湾大学教务长。1952 年院系调整后，从浙江大学调往复旦大学。1958 年调回杭州大学，任副校长。

陈建功以日文在日本出版的《三角级数论》，是世界上最早的三角级数论专著，反映了当时国际数学领域的最新成果。曾与苏步青共同创立了蜚声中外的微分几何"浙大学派"。调入杭州大学后，数学系在陈建功的指导下，采取读书报告会的形式培养学生和青年教师的独立工作能力和科学研究能力。图为陈建功与学生座谈交流。

陈　立（1902—2004）

心理学家、教育家。1939 年起先后在浙江大学、浙江师范学院、杭州大学任教。1979—1983 年任杭州大学校长。

陈立为中国科学工作者协会的发起人之一，是中国最早从事工业心理学研究的学者，创办了我国唯一一个工业心理学国家重点学科，在工业心理学、儿童发展心理学、教育心理学等领域都取得显著的成就。1997 年、1998 年中国心理学会和中国人类工效学会分别授予陈立中国心理学会第一届"终身成就奖"和中国人类工效学会第一届"终身成就奖"。图为陈立在工业心理学实验室。

王承绪（1912—2013）

教育学家，我国比较教育学领域泰斗。1936年毕业于浙江大学教育系并留校任教。历任浙江大学教育系系主任，浙江师范学院教授、副教务长，杭州大学教育系教授等。2003年获联合国教科文组织设立的"亚太地区教育革新终身成就奖"，是全球首位获此殊荣的教育专家。图为王承绪教授（右三）在指导学生。

20世纪60年代，为了活跃学术空气，学校组织了一系列专题学术报告会。图为教育系第三次科学讨论会。

1990年，古籍所召开"姜亮夫教授九十寿辰暨从事学术活动七十年庆祝会"，左起：金锵、徐朔方、王伯敏、黄逸宾、戴盟、薛艳庄、姜亮夫、沙孟海、沈善洪、董如宾。

中文系徐朔方教授（右四）、吴熊和教授（右三）与中国古代文学教研室的同事在一起。

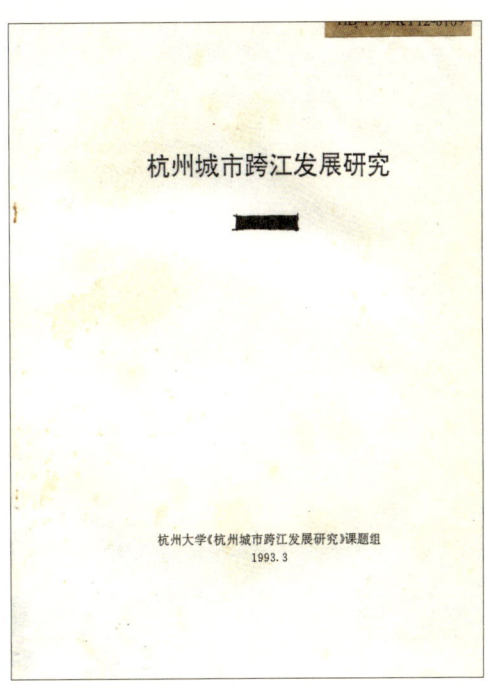

学校注重软科学研究，所开展的"杭州城市跨江发展研究"推动了杭州市由西湖时代向钱塘江时代的转型。图为成果书影。

历史系徐规教授（右三）、黄时鉴教授（右四）与中青年教师在一起。

1996年，国家教委"高等学校文科面向21世纪教学内容和课程体系改革计划"立项评审会议在杭州大学举行，全校共有10个教改课题入选该计划。

董聿茂（1897—1990）

动物学家，中国甲壳动物研究的奠基人之一。编著的《东海深海甲壳动物》填补了中国深海甲壳动物研究的空白。主编《浙江动物志》，是中国第一套门类较为齐全的地方动物志。

白正国（1916—2015）

数学家，专于微分几何。1940年毕业于浙江大学数学系并留校任教。1952年起在浙江师范学院、杭州大学数学系任教。曾任数学系主任。

化学系黄宪教授（左一）在实验室。

数学系召开学术研讨会，图中左一、左五、左六、左七分别为王兴华教授、王斯雷教授、白正国教授、林正炎教授。

物理系王绍民教授的列阵光学理论,1989年获国家自然科学四等奖,实现浙江省国家自然科学奖零的突破;以他为主的课题组研制的高亮度激光技术和内腔式高亮度小发散角新型光束 CO_2 激光器,1997年获国家发明三等奖。图为王绍民(左一)在杭州大学科技文化节作成果介绍。

滤波器设计过程中的一个高精度算法
红外线轴温探测器—TLC型电子热轴判别机
09工程配套压缩机
超大型等离子体显示系统
荧光数码管
小麦化学杀雄的研究
石蕊
间(对)二甲苯氨氧化催化剂

1978年3月的全国科学大会上,杭州大学8个项目获奖。图为杭州大学在全国科学大会上的获奖项目。

化学系获奖证书。

王驾吾（1900—1982）

文史学家。1936年到浙江大学中文系任教。1942年晋升教授。1949年任之江大学中文系教授兼系主任。1952年后，任浙江师范学院中文系教授、杭州大学中文系古典文学教研室主任、图书馆馆长、中文系主任等职。著有《墨子集诂》、《墨子校释》、《先秦寓言研究》等。

夏承焘（1900—1986）

词学家。1942年11月任浙江大学龙泉分校教授。1943年兼任浙江大学师范学院中文系主任。1949年后，历任浙江大学、浙江师范学院、杭州大学教授。毕生致力于词学研究和教学，是现代词学的奠基人和开拓者，被誉为"一代词宗"。

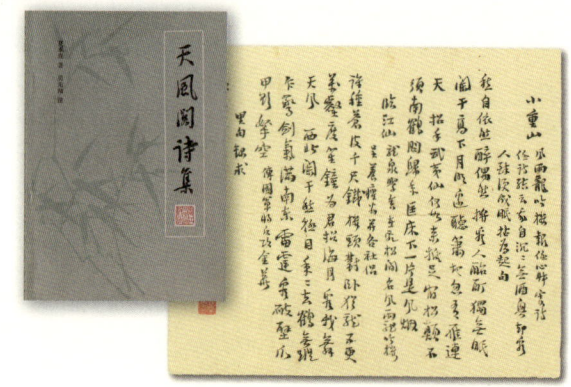

夏承焘所著《天风阁诗集》及手稿。

姜亮夫（1902—1995）

古典文献学家，在楚辞学、敦煌学、语言学等领域卓有建树。1953年起，历任浙江师范学院、杭州大学中文系教授、系主任等职。著有《瀛涯敦煌韵辑》、《楚辞通故》、《莫高窟年表》、《敦煌学概论》、《屈原赋今译》等。

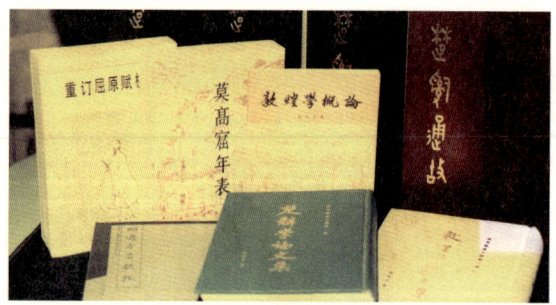

1995年全国首次人文社科优秀成果评选中，姜亮夫的《楚辞通故》、蒋礼鸿的《敦煌变文字义通释》、王元骧的《审美反映与艺术创造》三项成果获一等奖，另有二等奖六项，在全国地方综合性大学中名列第一。图为姜亮夫所著《楚辞通故》等论著。

沈炼之（1904—1992）

历史学家，长于法国史研究。1952年起，担任浙江师范学院、杭州大学历史系主任达30年之久。1978年起兼任杭州大学法国史研究室主任。

严　群（1907—1985）

西方哲学史家、翻译家。1947年任浙江大学哲学系、政治系教授。1952年后，任浙江师范学院、杭州大学教授。1983年兼任杭州大学古希腊哲学研究室主任。著有《亚里士多德之伦理思想》、《分析的批评的希腊哲学史》等。

陈学恂（1913—991）

教育学家。1935年毕业于浙江大学教育系。长期在浙江大学、杭州大学任教。专长中国教育史，主编《中国教育史研究》（多卷本）、《中国近代教育史资料汇编》等。

陈桥驿（1923—2015）

历史地理学家、郦学研究泰斗。1954年起在浙江师范学院、杭州大学任教。曾任中国地理学会历史地理专业委员会主任。著有《水经注研究》、《水经注疏》等。

蒋礼鸿（1916—1995）

语言学家、敦煌学家、辞书学家。1952年起在浙江师范学院、杭州大学任教。曾任杭州大学中文系教授、杭州大学古籍所兼职教授、《汉语大词典》副主编等。著有《敦煌变文字义通释》、《义府续貂》等。

沈善洪（1931—2013）

教育家、哲学史家。1986—1996年任杭州大学校长，为学校办学实力与声誉的大幅提升作出了卓越贡献。著有《中国伦理思想史》（合作）、《王阳明哲学研究》（合作），主编《黄宗羲全集》、《浙江文化史》等。

扩大对外学术交流与合作

学校聘请了国际著名数学家陈省身、丘成桐，物理学家钱致榕，美国著名比较教育学家坎特蒙德·金，法国历史学家维拉尔，韩国教育学家金俊烨，日本文化史专家石田一良、梅原猛，英籍华裔女作家韩素音，香港著名小说家查良镛（金庸）等一批著名学者担任学校名誉教授。到四校合并前，共有100多位中外著名专家、学者应聘为杭州大学名誉教授、兼职教授或客座教授。

1981年后，杭州大学先后与美国等12个国家和地区的52所高校和科研机构签订了合作交流协议，建立了长期的学术交流关系。

1986年4月，杭州大学校长沈善洪教授代表学校与德国基尔大学签订校际合作协议。

1986年11月，美国科学院院士、加州大学伯克利分校陈省身教授受聘为杭大名誉教授。

历史系主办的中国宋史国际学术讨论会（摄于1985年5月）。

杭州大学从1965年开始招收国外留学生。1986年经国家教委批准，杭州大学作为对外开放学校，接受国外学生来校学习、进修或攻读学位。图为杭大学生与外国留学生在云栖竹径野餐。

进入"211工程"

1996年9月12日,杭州大学通过"211工程"主管部门预评审。图为预审会议闭幕式现场。

1998年杭州大学重点学科和实验室一览

类 别	名 称
国家重点学科（1个）	心理学
国家重点专业实验室（1个）	工业心理学
国家基础科学研究和人才培养基地（5个）	中国语言文学、历史学、数学、化学、心理学
省级重点学科（6个）	中国古代文学、中国古代史、汉语史、基础数学与计算数学、有机化学、计算机及应用
省级重点扶持学科（5个）	西方经济学、英语言文学、经济地理、旅游经济学、生物工程学
省级重点实验室（3个）	应用化学、生物学、资源与环境信息系统

1998年，杭州大学设有13个学院29个学系，建有博士后流动站1个、博士点30个、硕士点61个。学校共有教职员工2700余人，其中教授210余人；全日制在校学生1万余人，其中研究生800余人。图为1998年杭州大学重点学科和实验室一览。

1997年5月3日，杭州大学隆重举行百年校庆活动，图为杭州大学建校一百周年庆祝大会。

1952
华家池园育新风
1998

四校合并前,浙江农业大学已成为一所以农为主,工、经、理、管多学科协调发展,规模较大,师资力量较强,基础较为雄厚,在全国高等农业院校中属于前列,并在国际上有一定影响的省属重点大学,为国家建设培养了一大批高级农业专门人才。

在杭州市城东庆春门外,有一个被誉为"小西湖"的华家池。1952年院系调整后,由浙江大学农学院单独组建而成的浙江农学院,就继续留在华家池校园办学……浙江农业大学以"求是、奋进"为校训,实行"上天入地、为农服务"的战略,坚持教学与科研相结合,注重农业科技的推广应用,逐步形成了以农为主、多科协调发展的格局。

第八章
华家池园育新风 (1952—1998)

在杭州市城东庆春门外,有一个被誉为"小西湖"的华家池,至今已有六百多年历史。1934年,浙江大学农学院从笕桥迁入华家池校园,在华家池畔建立新校舍。华家池校园景色秀丽,文化底蕴深厚,是我国最美的校园之一,素有"北有未名湖,南有华家池"之称。1952年院系调整后,由浙江大学农学院单独组建而成的浙江农学院,就继续留在华家池校园办学,在浙大先贤们学习工作过的土地上,浙江农学院暨后来的浙江农业大学的师生们传承着老浙大的文脉,续写着先辈们的光荣与辉煌。

1952年,新组建的浙江农学院下设农学系(农学专业和果树蔬菜专业)、蚕桑系(蚕桑专业)、植物保护系(植物保护专业)3个学系4个专业,并成立茶业专修科。1953—1954年,相继有苏南蚕丝专科学校、福建农学院、华中农学院部分系科并入浙江农学院。1955年,恢复园艺系(果树蔬菜专业)、茶叶系(茶叶专业)。1956年,恢复土壤农化系(土壤农化专业)。1958年,恢复农业机械化专业,增设畜牧专业。

1960年3月,浙江农学院、天目林学院、舟山水产学院,合并成立了浙江农业大学,同时与浙江省农业科学院实行校院统一领导。在校院合并过程中还将系、所地址作了调整,除舟山水产学院仍在舟山定海、天目林学院仍在临安、蚕桑学院去诸暨外,农机、牧医等系、所和作物育种栽培研究所设在杭州东郊的池塘庙,茶叶系、所在杭州云栖附近的七佛寺,其他系、所在校本部华家池。各系、所的人员也作了相应调整。1962年2月,浙江省委决定天目林学院和舟山水产学院从农大脱离,划归浙江省教育厅领导。1965年,浙江农业大学、浙江省农业科学院分开建制。1970年7月,浙江林学院并入浙江农业大学成立林学系。1978年,浙江农业大学林学系分出,恢复浙江林学院建制。1977年11月,宁波地区农学院并入浙江农业大学,作为浙江农业大学宁波分校。1984年11月,浙江农业大学宁波分校分出,改为浙江农业技术师范专科学校。

浙江农业大学以"求是、奋进"为校训,实行"上天入地、为农服务"战略,根据国民经济和科技发展的需要,在原有农学、园艺、植物保护、土壤农化、茶学、蚕学、农业机械和畜牧兽医等农科传统院系的基础上,先后成立了农业工程、环境保护、食品科技、生物科学、经济贸易和土地管理等院系。学校以学科建设为龙头,积极推进科学研究,坚持教学与科研相结合,注重农业科技的推广应用,逐步形成了以农为主、多科协调发展的新格局。

浙江农业大学与美国、德国、日本、加拿大、比利时、澳大利亚等国家的著名大学和研究机构建立了比较稳定的校际协作关系,是国家教委确定的我国招收培养外国留学生重点院校之一,招收培养了来自欧、亚、非、北美、南美50多个国家数百名外国来华留学生。

1996年12月,浙江农业大学通过"211工程"部门预审。四校合并前,浙江农业大学已成为一所以农为主,工、经、理、管多学科协调发展,规模较大,师资力量较强,基础较为雄厚,在全国高等农业院校中属于前列,并在国际上有一定影响的省属重点大学,为国家建设培养了一大批高级农业专门人才。

历任党委书记一览

校　名	姓　名	任　期
浙江农学院	金孟加	1952.12—1958.06
	赵锦章	1958.06—1960.03
浙江农业大学	曾少东	1960.03—1966.06
	洪天诚	1966.06—1967.11
	李铁锋	1978.07—1982.08
	姚　力	1982.08—1983.09
	孔祥有	1983.09—1991.06
	马寿根	1991.06—1996.06
	童芍素	1996.06—1998.09

历任校长（院长）一览

校 名	姓 名	任 期
浙江农学院	吴植椽（兼）	1952.12—1957.05
	金孟加	1957.05—1960.03
浙江农业大学	李丰平（兼）	1960.03—1961.09
	丁振麟	1961.09—1965.11
	陈作霖（兼）	1978.07—1979.03
	丁振麟	1979.03—1979.06
	朱祖祥	1980.03—1983.09
	陈子元	1983.09—1989.09
	李德葆（兼）	1989.09—1993.03
	夏英武	1993.03—1997.11
	程家安	1997.11—1998.09

成立浙江农学院

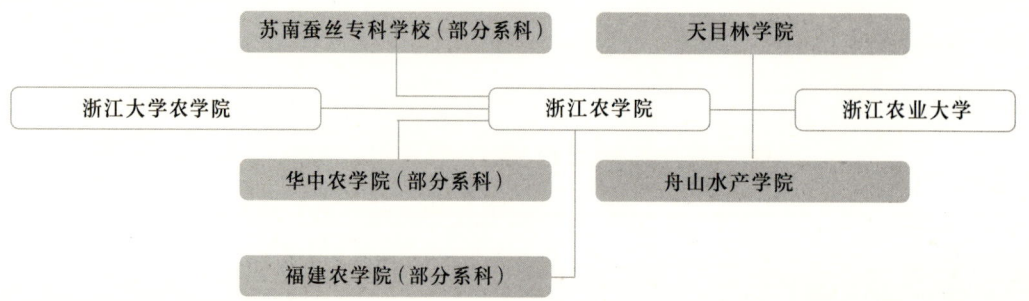

吴耕民（1896—1991）

园艺学家、园艺教育家，中国近代园艺学科的奠基人之一。1927年起在浙江大学、浙江农学院任教。1941年，受聘为教育部部聘教授。

吴耕民教授选育的"浙大长萝卜"优良品种推广全国。图为1954年浙江农学院菜园前栽种的"浙大长萝卜"。

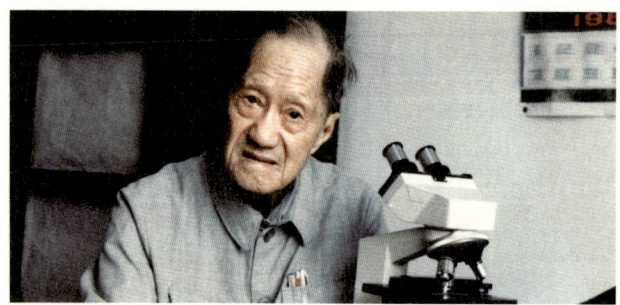

陈鸿逵（1900—2008）

植物病理学家和农业教育家。1935年起到浙江大学农学院任教。长期致力于植物病理的教学和科研，是我国植物病害检疫的奠基人之一。

校运动会体操队表演（摄于1953年）。

1954年，农学院成立科学研究委员会；1956年成立学生科学研究协会，制订了《浙江农学院学生科学研究协会章程》，并举办了第一次学生科学报告会。图为第一次学生科学报告会现场。

1958年建立的土壤标本馆藏集了500多个土壤标本，是当时国内土壤标本最齐全的标本馆。

1958年底，学院建立了供同位素示踪研究用的放射性实验室，这是我国农业系统中最早建立的同位素实验室。

升格为浙江农业大学

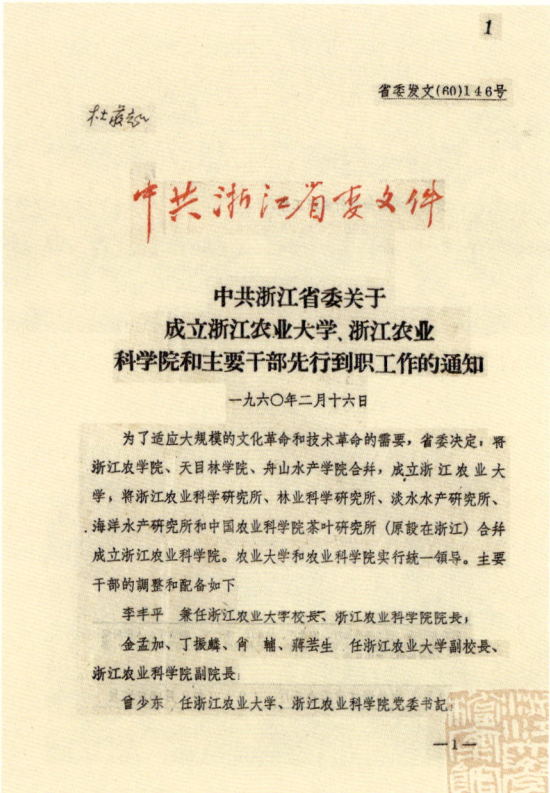

1960年2月,浙江省委决定,浙江农学院、天目林学院和舟山水产学院合并,成立浙江农业大学,同时成立浙江农业科学院。浙江农业大学与浙江农业科学院实行统一领导。图为浙江省委成立浙江农业大学和浙江农业科学院的文件。

20世纪80年代的浙江农业大学全景。

1960年,并校成立的浙江农业大学有17个系,35个专业,4个专修科,其中华家池本部有10个系,25个专业,2个专修科。校址分散在杭州华家池、舟山定海、临安等地。图为华家池校园的浙江农业大学校门。

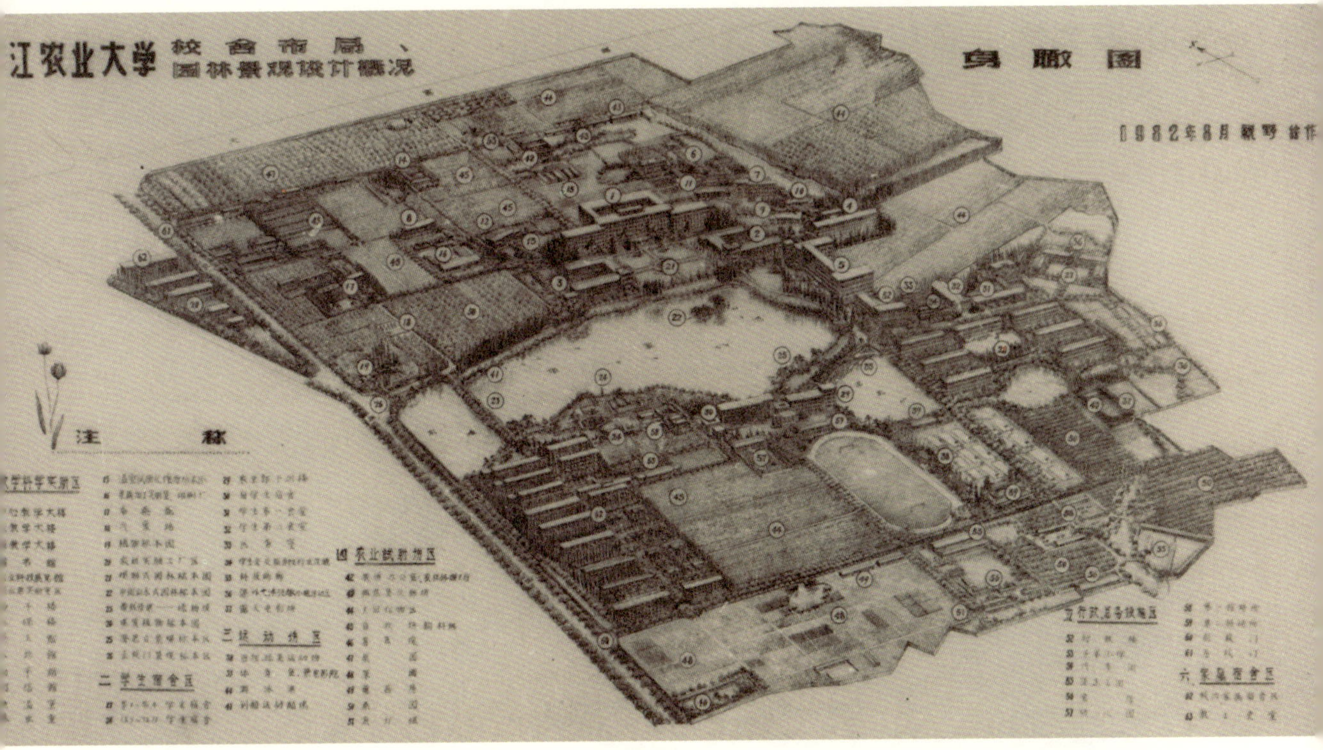

1982年浙江农业大学校舍布局图。

1987年，学校建奔腾广场，由陈云同志题词"奔腾"。两匹巨型花岗岩奔马象征学校科研、教育齐腾飞。同时，设立"求是、奋进"校训碑。

20世纪80年代的华家池校景。

香港著名慈善家邵逸夫先生捐赠建造的体育馆。

以农为主、多科协调发展的办学格局

1977年开始,浙江农业大学进入快速发展时期,学科建设更加完善。朱祖祥教授致力于土壤农业化学系和环保系的建立与发展,土壤与植物营养学科在国内极具影响力。图为1982年2月,时任校长朱祖祥教授(中)率中国土壤学会代表团赴印度新德里出席第十二届国际土壤会议。

粮食自然缺氧保管的研究
放射性同位素标记农药的合成研究
6CR—55型天目牌茶叶揉捻机
水稻新品种"先锋1号"
水稻两段育秧
农药残留的研究
工业"废水"污染的防治和综合利用研究
家畜电针麻醉

1978年3月的全国科学大会上,浙江农业大学共有8个项目获奖。图为获奖项目一览。

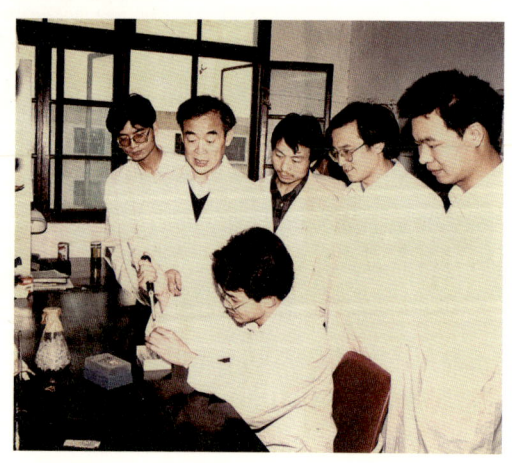

李德葆教授(左二)指导研究生做分子生物学实验。

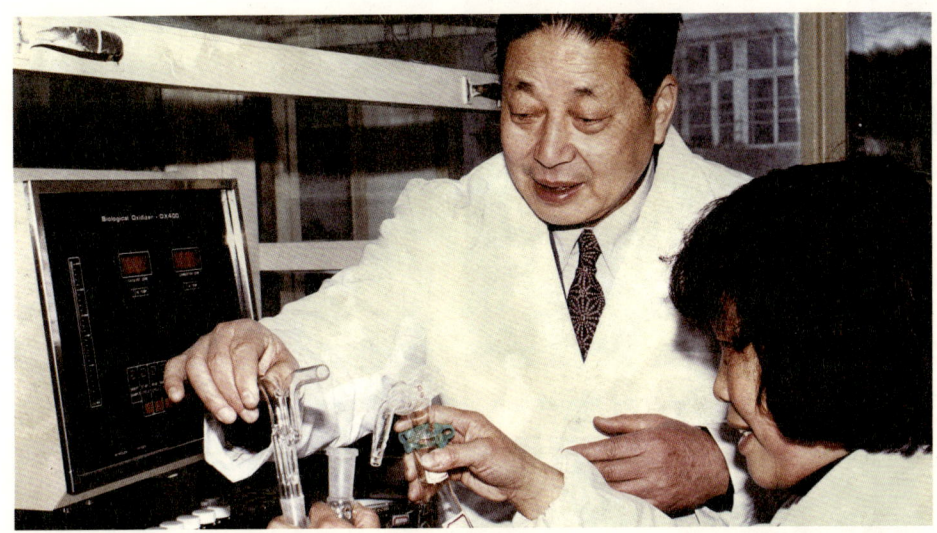

陈子元教授1958年开始从事核农研究,是我国核农学主要开拓者之一。

夏英武教授(中)与余杭农科所协作选育的早稻良种浙辐802,全国累计推广面积达1.7亿亩,1987年获国家科技进步三等奖。1986—1995年种植面积连续十年居全国常规水稻品种首位。

程家安教授的研究项目水稻三化螟预测预报与防治对策研究1996年获国家科技进步三等奖。图为程家安教授在查阅资料。

植保系唐觉教授正在研究五倍子繁殖的途径和方法。

国家重点学科茶学刘祖生教授（左）在茶场。

由动物科学学院陈盛禄教授（右）培育的"王浆、蜂蜜双高产浙农大1号意蜂品种"获1995年国家发明二等奖。图为陈盛禄教授在研究中。

游修龄教授考证了河姆渡遗址出土的碳化稻谷与稻米，证明中国是迄今为止世界上最早水稻栽培地。图为游修龄教授在研究中。

国家重点学科蔬菜学曾广文教授（右）在指导学生。

1988年6月25日，埃塞俄比亚总统门格斯图·海尔·马里亚姆（前右二）及其一行来校考察并参观校史馆。

1978年下半年农业部在浙江农业大学举办华东地区县级以上干部培训班。1983年，成立"中央农业管理干部学院浙江农业大学分院"。1979—1983年，共举办了8期培训班，培训县级以上主管农业的干部673名，提高了农业干部科学技术知识和素质，为全国贫困县（南方片）干部的培训工作和扶贫事业作出了贡献。图为中央农业管理干部学院浙江农业大学分院干训楼。

富有特色的留学生培养

浙江农业大学是新中国成立后最早招收外国留学生的大学之一。1954—1966年间，先后接收了来自苏联、波兰、罗马尼亚、阿尔巴尼亚和越南等国家的留学生29名。1979年以后进一步扩招，至1990年共招收来自苏联、日本、联邦德国等36个国家的留学生136名。

20世纪60年代在浙江农业大学农学系学习的越南留学生阮攻丹，归国后先后担任越南社会主义共和国的农业部部长、副总理。图为2002年4月原浙江农业大学副校长丁元树教授访问越南时与越南副总理阮攻丹（右）的合影。

金孟加院长（左三）、萧辅副院长（左四）与在我校学习的越南留学生合影。

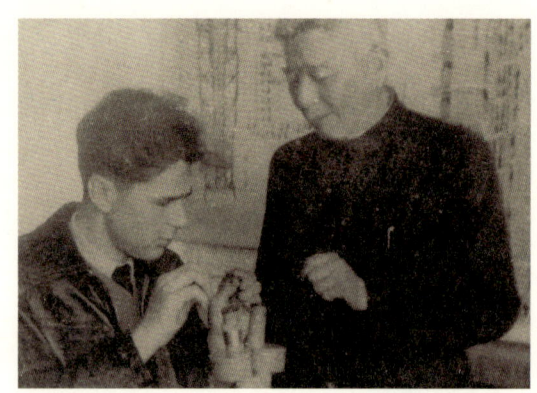
蚕桑系夏振铎教授指导波兰留学生做蚕体解剖实验。

作物1988级学生与外国留学生在甘蔗科研田实习。

农学系薛庆中教授在指导外国研究生。

外国留学生参观实验农场时合影。

进入"211工程"

1996年12月,浙江农业大学通过"211工程"部门预审。图为预审会开幕式场景。

1998年浙江农业大学重点学科和实验室一览

项目	名称
国家重点学科（3个）	蔬菜学、农业生物物理学、茶学
国家基础科学研究和人才培养基地（1个）	生物学
农业部重点开放实验室（5个）	植物病理与生物技术、核农学、亚热带土壤与植物营养、材料与动物营养、生态农业环境工程
省级重点学科（7个）	土壤学、蚕丝学、作物遗传育种、昆虫学、农业经济与管理、植物病理与生物技术、作物营养与施肥
省级重点扶持学科（7个）	果树学、农业机械化、农产品储藏加工、生态学、农业环境保护、动物营养与饲料科学、动物遗传育种
省级重点实验室（4个）	饲料与动物营养、农业遥感与信息技术、核农学、亚热带土壤与植物营养

至1998年四校合并时,浙江农业大学设有15个院系,建有18个博士点,1个博士后流动站;有教职员工1700余名,其中教授117人,中科院院士1人;在校全日制学生4000余名,其中研究生500余名。图为1998年浙江农业大学重点学科和实验室一览。

1952年全国高等学校院系调整,浙江大学医学院与浙江省立医学院合并,组建浙江医学院,校部设在美丽的西子湖畔、庆春路上。浙江医科大学以"严谨求实、团结创新"为校训,倡导严肃谨慎、脚踏实地、同心协力、开拓进取的校风,将"仁心、仁术"不断地发扬光大,培养了一大批适合我国医疗卫生事业发展的高层次医学专门人才。四校合并之际,浙江医科大学已成为一所以医为主,医、药、理、工、卫协调发展的省属重点大学。

1952
西子湖畔铸仁术
1998

第九章
西子湖畔铸仁术（1952—1998）

1952年全国高等学校院系调整，浙江大学医学院与浙江省立医学院合并，组建浙江医学院，校部设在原浙江省立医学院院址法院路（现庆春路与延安路交叉处西北面）。新成立的浙江医学院注重理论与实践相结合，培养具有高等文化水平、掌握现代医学科学与技术、全心全意为人民服务的高级卫生医药人才。

1960年4月，浙江医学院与浙江中医学院、浙江中医院、浙江中医研究所、浙江卫生实验院合并，成立浙江医科大学和浙江医学科学院。浙江医科大学和浙江医学科学院实行统一领导。学校的规模和专业设置有了很大的发展，成为一所多学科的医科大学，设有医疗系、药学系、卫生系、中医学院等4个院系和工业卫生、外文、生物、化学、物理、口腔、儿科等7个专业。1963年9月，省委决定将浙江医学科学院改为浙江卫生实验院，并与浙江医科大学分开，归省卫生厅领导。同时决定将浙江医科大学下属的中医学院、中医院、中医研究所从浙江医科大学分离出去，合并成立浙江中医学院，由省卫生厅领导。同时，创办国内紧缺的新专业，试办7年制高等医学教育，努力提高人才培养的质量，以适应社会对高级医学专门人才的需求。

浙江医科大学拥有附属第一医院、第二医院、妇产科医院、儿童医院、邵逸夫医院等多所具有较高医疗水平的附属医院。这些医院既是医学实践的园地，也在保障人民群众生命健康、促进医学科学发展中发挥了重要作用。

1997年5月，浙江省政府确定浙江医科大学的传染病学、肿瘤学、医学分子生物学、劳动卫生与职业病学、生物医学工程、外科学、药理学7个学科为重点学科，由省政府拨款重点建设。

浙江医科大学以"严谨求实、团结创新"为校训，倡导严肃谨慎、脚踏实地、同心协力、开拓进取的校风，将"仁心仁术"不断发扬光大，培养了一大批适合我国医疗卫生事业发展的高层次医学专门人才。四校合并之际，浙江医科大学已成为一所以医为主，医、药、理、工、卫协调发展的省属重点大学。

历任党委书记一览

校 名	姓 名	任 期
浙江医学院	周 林	1952.07—1956.11
	林 尧	1957.04—1958.02
	霍亚夫	1958.02—1960.08
浙江医科大学	霍亚夫	1960.08—1969.04
	余从善	1977.11—1984.01
	金 干	1982.08—1991.02
	吕世亭	1991.02—1996.10
	黄书孟	1996.10—1998.09

历任校长（院长）一览

校 名	姓 名	任 期
浙江医学院	洪式闾（兼）	1951.10—1955.04
	王仲侨	1956.02—1958.09
浙江医科大学	郑 平（兼）	1960.08—1964.03
	李蓝炎（兼）	1964.03—1968.11
	王耀亭（兼）	1978.07—1979.03
	王季午	1979.03—1984.01
	郑 树	1984.01—1996.10
	陈昭典	1996.10—1998.09

成立浙江医学院

浙江医科大学沿革图

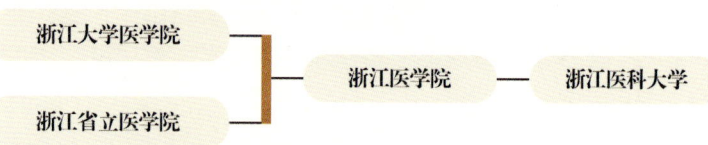

1952年，新成立的浙江医学院设医、药两科。1955年，浙江医学院的卫生系、药学系师生全部调出，成为只有医疗专业的单科性医学院校。院部设于法院路上的原浙江省立医学院的校址内。浙江省立医学院源于1912年创建的浙江医学专门学校。1913年，改称"浙江公立医药专门学校"。1927年，称"浙江省立医药专门学校"。1931年，又改称"浙江省立医药专科学校"。1947年升格为浙江省立医学院。图为浙江医学院大门。

1953年部分毕业生合影。

升格为浙江医科大学

1960年4月,浙江医学院升格为浙江医科大学,与同期创建的浙江医学科学院实行统一领导。浙江医学科学院的成立,扩展了科学研究的组织机构,增强了科技力量。1963年9月后原先合并进入浙江医科大学的学院和机构,包括浙江医学科学院在内相继分离。1987年12月,浙江医科大学与中国医学科学院决定以浙江医科大学12个研究所为实体,建立中国医学科学院浙江分院。图为中国医学科学院浙江分院成立大会会场(摄于1987年12月)。

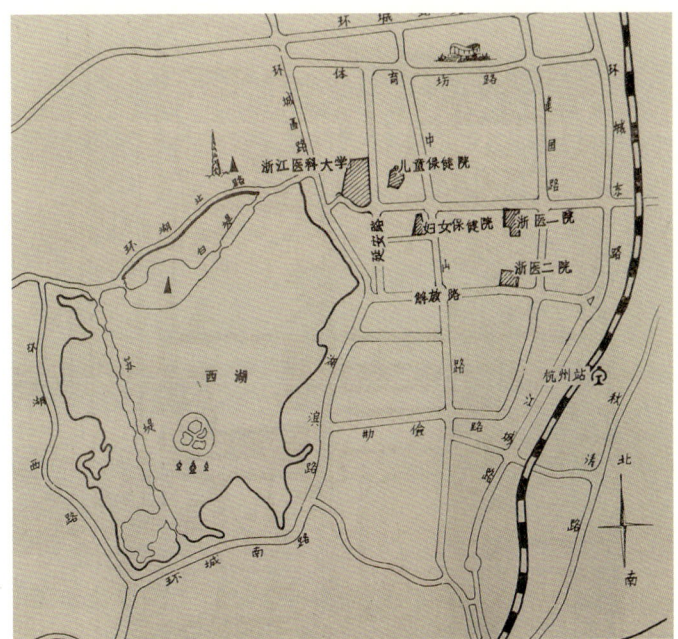

20世纪80年代浙江医科大学及附属医院位置示意图。

20世纪80年代的浙江医科大学校门。

20世纪90年代的浙江医科大学红楼。

药学系大楼外景（摄于1992年）。

以医为主、多科协调发展的办学格局

1977年全国高校恢复招生考试制度以后,浙江医科大学教学、医疗、科研各项事业逐步得到恢复和发展,学科建设步伐日益加快。

王季午(1908—2005),1945年抗战胜利后受竺可桢校长之邀,被聘为浙江大学医学院第一任院长兼附属医院院长。1952年院系调整后,任浙江医学院、浙江医科大学教授,历任副院长、副校长、校长、名誉校长。王季午教授长期从事传染病学研究,主编近百万字《传染病学》,为传染病防治和高级医药卫生人才培养,提供了符合我国国情的高级专业参考书。图为王季午教授在研究中。

蔡堡1949年起任浙江医学院、浙江医科大学教授,主讲米丘林学说和巴甫洛夫学说。1978年编写出版的《东方蝾螈胚胎发育图史》填补了生物学研究的一项空白。图为蔡堡教授在研究学科资料。

王仲侨教授在修改全国医学院校通用教材《人体解剖学》。

郁知非教授为我国血液病学奠基人之一。

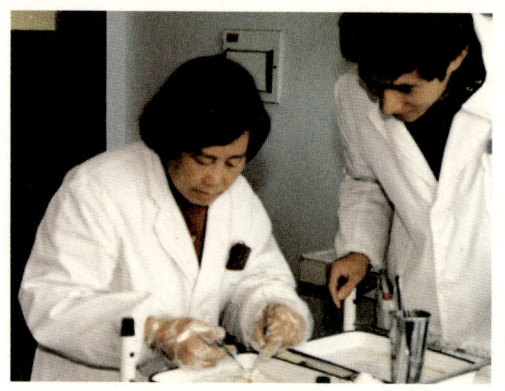

郑树教授的"我国大肠癌防治的基础和应用研究"获得1993年度国家科学技术进步三等奖,"我国大肠癌高危人群防治的系列研究"获得2005年度国家科学技术进步二等奖。图为郑树教授(左)在肿瘤研究所开展研究工作。

研制成高频电磁场卫生学测定仪
微波辐射卫生标准
精制抗蝮蛇、五步蛇、银环蛇毒血清
自动X线静电摄影
异常血红蛋白的研究
三尖杉属植物中抗癌有效成分的药理、药化实验和临床研究
抗日本血吸虫病新药锑—273的研究
钩端螺旋体病在我国流行的证实
眼宁注射液
断足移位再植一例

在1978年3月的全国科学大会上,浙江医科大学共有10项科研成果获奖。图为获奖项目一览表。

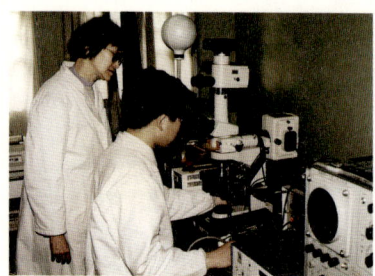

省级重点学科劳动卫生与职业病学姜槐教授(左)在做研究。

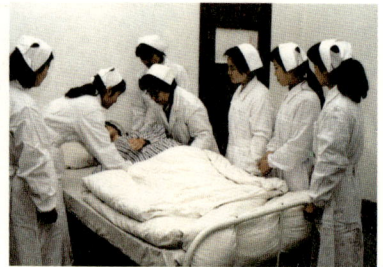

护理系学生开展特殊护理技能训练。

药学系梁文权教授(右)指导药剂学研究生进行课题研究。

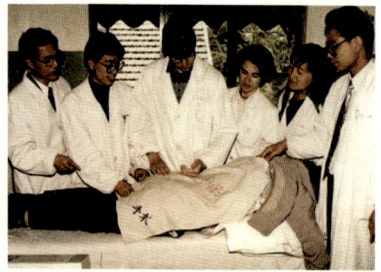

外国留学生学习中国传统医学。

1985年起,学校接受联合国人口基金(UNEPA)的援助,开展"围产保健"等人口项目研究。图为1992年,联合国人口基金研究项目评估团来校检查项目建设情况时,副校长陈昭典(前排左一)与评估团专家合影。

1983年起,学校与美国HOPE基金会协作,先后创建了生物医学工程系、小儿新生儿监护中心、学习资源中心和心血管手术、急诊医学等10个项目。图为1985年学习资源中心成立剪彩仪式。

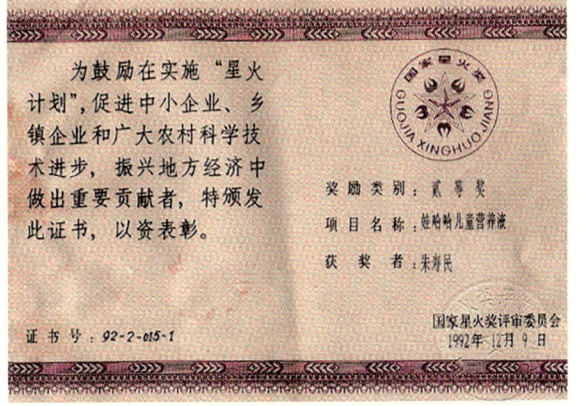

1988年,营养学系主任朱寿民与杭州娃哈哈集团公司合作,研究出第一支娃哈哈儿童营养液。图为1992年国家星火奖评审委员会颁发给朱寿民教授的奖励证书。

附属医院的成立与发展

附属第一医院

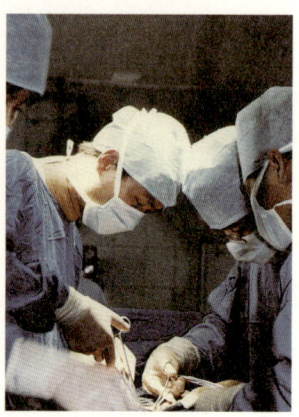

浙江医学院成立后,改原浙江大学医学院附属医院为浙江医学院附属第一医院,作为内科重点教学医院。1960年更名为浙江医科大学附属第一医院。图为附属第一医院院门(摄于20世纪70年代)。

由陈江华教授主持的肾移植获浙江省科技进步一等奖。图为陈江华教授在手术中。

附属第二医院

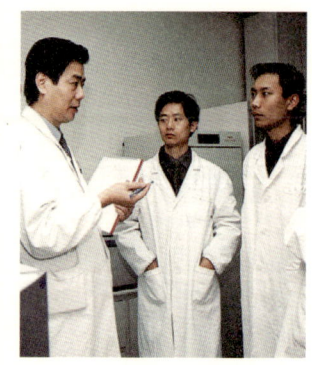

浙江医学院成立后,改原浙江省立医学院的外科重点教学医院——广济医院为浙江医学院附属第二医院,1960年更名为浙江医科大学附属第二医院。图为附属第二医院病房大楼(摄于20世纪80年代)。

姚克教授"非球面等视象后房型人工晶体设计的临床应用"获得1990年度国家科技进步二等奖。图为姚克教授(左一)与研究人员讨论课题。

附属儿童医院和附属妇产科医院

附属妇产科医院首任院长刘天香在进行义诊。

1960年,浙江医学院升格为浙江医科大学后,将浙江省儿童保健院和浙江省妇女保健院分别改为浙江医科大学附属儿童保健院和附属妇女保健院。两院前身为浙江省立医学院附属医院的小儿科和妇产科。1951年,以浙江省立医学院附属医院的小儿科和妇产科为基础,将省立杭州医学院的小儿科和妇产科并入,成立浙江省立妇幼保健院。1954年妇产科和儿科分开建制,成立了浙江省儿童保健院和浙江省妇女保健院。1985年,又分别改称为浙江医科大学附属儿童医院和附属妇产科医院。图为附属妇产科医院(摄于20世纪90年代)。

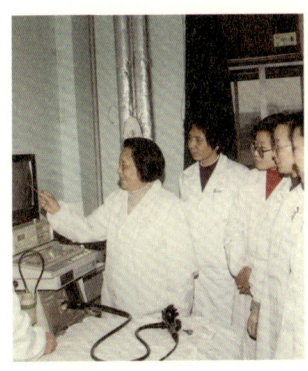

附属儿童医院教授给学生讲解医疗仪器的操作与临床诊断(摄于1997年)。

附属儿童保健院(摄于20世纪60年代)。

附属邵逸夫医院

1989年香港著名慈善家邵逸夫捐资7000万港币,浙江省人民政府配套建设、美国罗玛琳达大学协助,在杭州建造邵逸夫医院,作为浙江医科大学附属医院。1994年5月2日附属邵逸夫医院正式开业运行。图为附属邵逸夫医院外景。

通过省级重点学科建设项目论证

1997年5月,浙江医科大学通过省政府重点学科建设项目可行性论证,确定传染病学等7个学科为省重点学科。省政府决定5年内投入6000万元人民币(学校自筹6000万元,共计1.2亿元),用于浙江医科大学的重点学科项目建设。图为浙江医科大学重点学科建设项目规划审定会闭幕式(摄于1997年5月)。

1998年浙江医科大学重点学科和实验室一览

类别	名称
卫生部传染病重点实验室(1个)	传染病研究所
省级重点学科(5个)	肿瘤学、传染病学、病理生理学、劳动卫生与职业病学、生物医学工程学
省级重点扶持学科(7个)	药理学、外科学、药物学、妇科学、儿科学、器官移植学、病理学
省级重点实验室(3个)	国家医药管理局新药研究管理中心 浙江呼吸药物研究、医学分子生物学、生物电磁学

至1998年四校合并前夕,浙江医科大学设有6个学院12个系,5所附属医院,建有博士点10个,硕士点38个,有教职员工6000余名,其中教授、主任医师260名;在校全日制学生3400余名,其中研究生近400名。图为1998年浙江医科大学重点学科和实验室一览。

1998

树我邦国奔一流

1998年，为进一步实施"科教兴国"战略，推动我国高等教育体制改革和资源的优化配置，促进我国高校向更高水平发展，党和国家决定：同根同源的原浙江大学、杭州大学、浙江农业大学和浙江医科大学四所学校合并组建成新浙江大学。自此，浙江大学迈上创建世界一流大学的新征程。

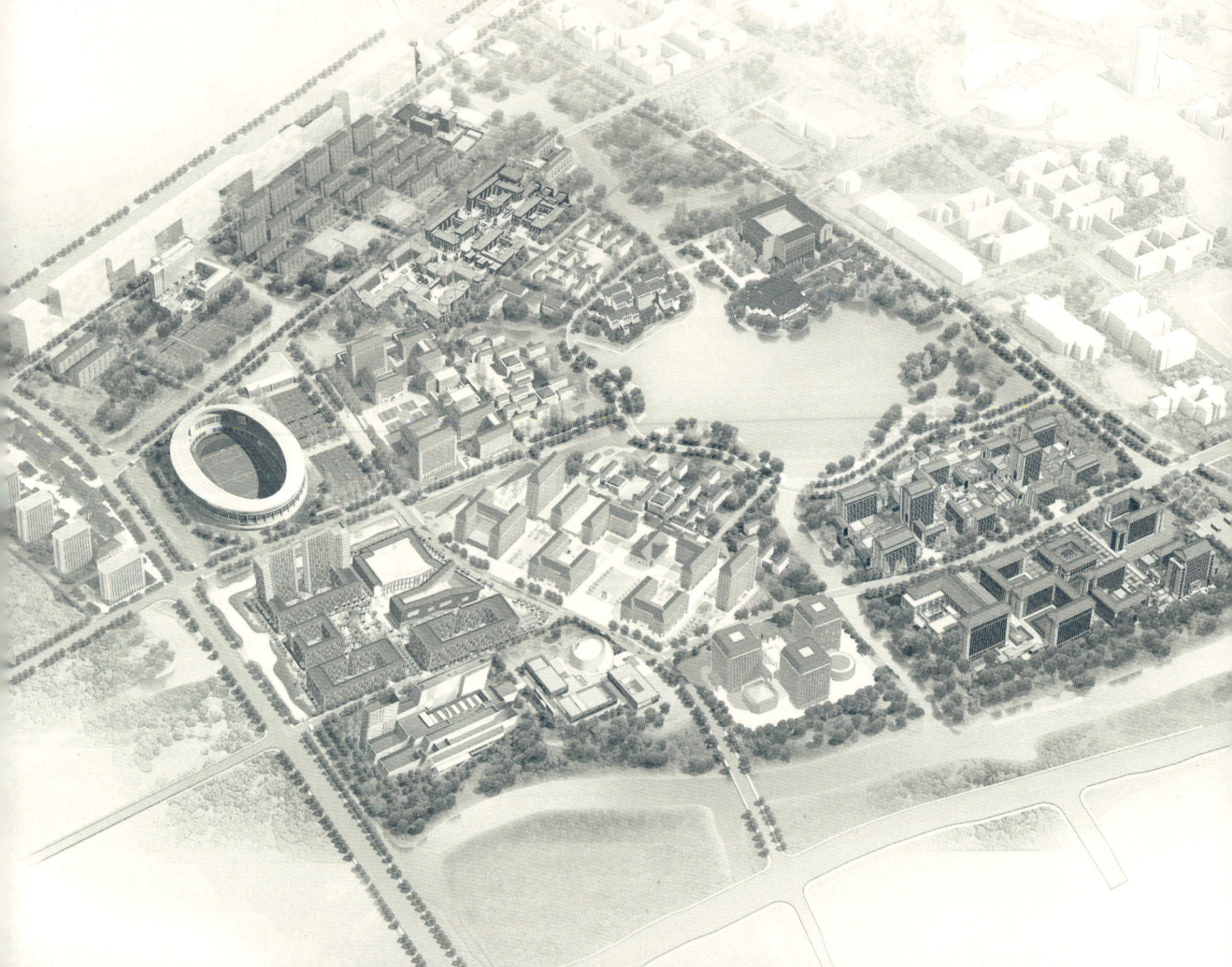

第十章
树我邦国奔一流（1998— ）

1998年，为进一步实施"科教兴国"战略，推动我国高等教育体制改革和资源的优化配置，促进我国高校向更高水平发展，党和国家决定：同根同源的原浙江大学、杭州大学、浙江农业大学和浙江医科大学四所学校合并组建成新浙江大学。自此，浙江大学迈上创建世界一流大学的新征程。

9月15日，新浙江大学成立大会隆重举行，时任中共中央政治局常委、国务院副总理李岚清出席并讲话，时任教育部部长陈至立宣布新浙江大学领导班子名单。新浙江大学是当时我国办学规模最大、学科门类最齐全的高水平综合性大学。

新浙江大学以创建世界一流大学为目标，得到中央和浙江省的极大支持，是国家"211工程"、"985工程"重点建设大学。新浙大的成立是20世纪末我国高等教育体制改革的重要探索与重大突破，具有重要的里程碑意义。

学校高度重视并科学谋划创建世界一流大学的发展战略，提出了"三步走"的目标与愿景：第一阶段是到2020年左右，在中国全面建成小康社会之际，学校部分优势学科跻身世界前列，主要办学指标和整体实力初步达到世界一流水平；第二阶段是到2035年左右，在中国总体经济实力稳居世界前列并全面向现代化国家迈进之际，学校服务国家战略的能力更加突出，在国际学术领域的地位显著提升，更多优势学科进入世界前列，主要办学指标和整体实力稳居世界一流大学水平；第三阶段是到本世纪中叶，在中华人民共和国成立一百周年、社会主义现代化国家建成之际，学校办学声誉获得世界公认，部分优势学科达到世界顶尖水平，主要办学目标和整体实力达到世界一流大学前列水平。

1999—2011年，教育部与浙江省连续签订了三个重点共建浙江大学的协议，努力促使浙江大学的教育质量、学术水平和整体办学实力显著提高，在高水平专门人才培养、高新技术研究和成果转化、高层次决策咨询等方面发挥重要作用，作出了重大贡献，成为我国高层次人才培养和知识创新的重要基地，产生了广泛而深远的影响。

2013年学校战略性地提出了"培育时代高才、构建学科高峰、打造科研高地、汇聚名师高人、积累文化高度、探索改革高招"的"六高强校战略",全面落实浙江大学第十三次党代会的战略部署。2014年10月,又公布了《浙江大学章程》,实行依法依章治校和办学,为建设世界一流大学提供了新的制度保障。

在新的历史时期,浙江大学将继续贯彻党的教育方针,以世界一流为目标,以立德树人为根本,以提高质量为核心,以改革创新为动力,全面提升学校办学能力、水平和声誉,努力建设成为具有显著教育影响力和学术影响力的创新型大学,为科教兴国、人才强国作出重要贡献。

历任党委书记一览(1998—)

姓 名	任 期
张浚生	1998.09—2004.07
张 曦	2004.07—2011.01
金德水	2011.01—

历任校长一览(1998—)

姓 名	任 期
潘云鹤	1998.09—2006.07
杨 卫	2006.07—2013.02
林建华	2013.06—2015.02
吴朝晖	2015.03—

新浙江大学成立

1998年9月15日,新浙江大学宣告成立。时任中共中央政治局常委、国务院副总理李岚清同志在新浙江大学成立大会上讲话。新浙大涵盖了哲学、经济学、法学、教育学、文学、历史学、理学、工学、农学、医学、管理学等11个学科门类,是国内学科门类最齐全的综合性大学。新浙江大学的成立,在中国高等教育发展史上具有重大意义与深远影响,是国家创建世界一流大学的重大举措,是我国高等教育史上大学合并的成功典范,这也是几代浙大人的历史夙愿,开启了学校发展新征程。图为新浙江大学成立大会现场。

第十章　树我邦国奔一流（1998—　）

时任中共中央总书记江泽民为新浙江大学题词。

办好浙江大学为科教兴国作出更大贡献
江泽民
一九九八年九月十日

时任中共中央政治局常委、全国人大常委会委员长李鹏为新浙江大学题词。

发扬优良校风培养建国人才
李鹏
一九九八年八月六日

教育部文件

教发[1998]4号

关于浙江大学、杭州大学、浙江农业大学、浙江医科大学合并组建新的浙江大学的决定

为优化教育结构，加快高等教育管理体制改革的步伐，合理配置教育资源，提高教育质量和办学效益，经国务院批准，现决定将浙江大学、杭州大学、浙江农业大学、浙江医科大学四校合并组建为新的浙江大学。

一、浙江大学、杭州大学、浙江农业大学、浙江医科大学合并后，新的校名定为"浙江大学"，实行一个法人、一个领导班子、一个建制，并相应撤销原有学校的独立建制。

二、新的浙江大学为教育部直属高校，实行教育部和浙江省共建共管。重大事项以教育部为主，商浙江省后决定；日常工作以浙江省为主管理。原属四校的在编人员、资产全部划归新的浙江大学统筹管理。教育部和浙江省分别拨款的投资渠道不变。双方投入的经费由新的浙江大学统一安排使用。有关四校合并的具体事宜，按《国务院办公厅关于浙江大学、杭州大学、浙江农业大学、浙江医科大学合并组建新的浙江大学的复函》办理。

三、四校合并组建新的浙江大学，是我国高等教育管理体制改革和布局结构调整的一项重大举措，对于面向21世纪在我国组建若干所规模大、层次高、学科门类齐全的综合性大学具有重要示范意义，必将对我国高等教育的改革和发展产生重要而深刻的影响。希望新的浙江大学全体师生员工团结一致，努力奋斗，在教育部和浙江省委、省政府领导下，把新的浙江大学建设成为我国具有重要国际影响的社会主义大学，为浙江省和我国的经济发展、社会进步、学术繁荣作出新的贡献。

一九九八年九月二十六日

主题词：高校　建设　调整　决定

部内发送：部领导、办公厅、直属办、高教司、人事司、科技司、财务司、学生司、学位办、国际司、社政司、体卫司、职成司

录入员：孙　杰　　　　校对员：任秀玲　温　炼

新成立的浙江大学为教育部直属高校，实行教育部和浙江省共建共管的管理体制，实行党委领导下的校长负责制。图为教育部颁布的关于四校合并组建新的浙江大学的决定文件。

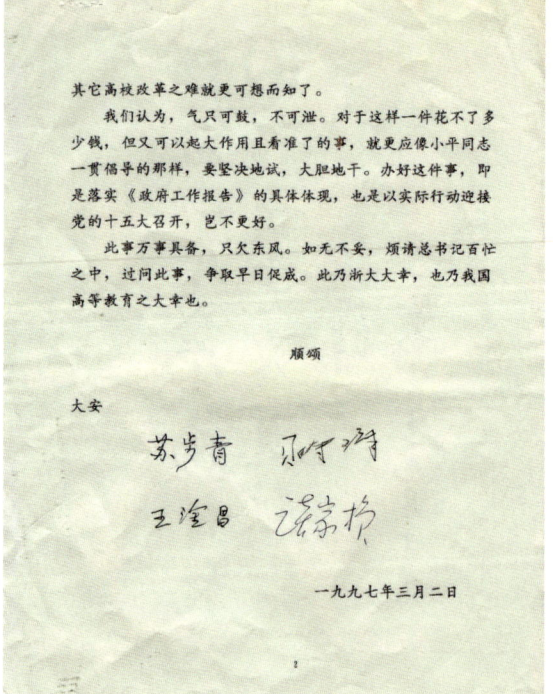

1997年3月2日，苏步青、贝时璋、王淦昌、谈家桢关于四校合并致时任中共中央总书记江泽民的函。

习近平总书记于2002—2007年间，担任浙江省党政主要负责人，曾18次莅临学校指导工作，4次为师生作形势政策报告，指导与协调解决学校发展面临的重大问题，对学校倾注了关心与厚爱。

中央和浙江省对浙江大学建设世界一流大学给予了高度重视和切实帮助。1999—2011年，教育部与浙江省先后签订了三轮重点共建浙江大学协议。时任浙江省委书记、代省长的习近平同志还与教育部签订了《关于在"十五"期间重点共建浙江大学的意向协议》，大力支持浙江大学向世界一流大学目标迈进。图为教育部与浙江省人民政府隆重举行了重点共建浙江大学的签字仪式（摄于1999年11月7日）。

新浙大筹建小组组长张浚生向记者们阐述了四校合并组建新浙大的重大意义，并介绍了筹建工作进展情况，还简要介绍了9月15日新浙大成立大会活动的一些安排（摄于1998年6月2日）。

融合与发展

新浙大成立后,在充分发挥四校原有办学优势与资源的基础上,不断推进融合发展探索与实践,不断调整办学体系、优化办学结构、统一办学理念,发挥综合优势,在融合发展中不断发展壮大,为创建世界一流大学打下了坚实的办学基础。

合并之初,为确保各方面工作的顺利进行,学校科学把握"学科建设、教育教学、学术科研以及党建与思想政治工作"的关系,理顺"校部、学院、系科"纵向与校区横向管理的关系,按照"机构精简、人员精干、办事高效、运转协调、管理科学"的原则重建了教学科研和管理体系。图为浙江大学第一批组建部处中层干部培训会议。

浙江大学学院一览表(1999年5月)

经济学院	法学院	教育学院	人文学院	外国语学院	理学院	生命科学学院	机械与能源工程学院	材料与化学工程学院	电气工程学院	信息科学与工程学院	建筑工程学院	农业工程与食品科学学院	环境与资源学院	生物医学工程与仪器科学学院	农业与生物技术学院	动物科学学院	医学院	药学院	管理学院

新浙大成立以后高度重视学院组建工作,制定了院系设置的指导原则,即:应反映科学发展趋势、促进学科交叉与融合;应有利于知识创新与人才培养;应有利于国际理解与交流;应有利于学校统一领导和充分发挥各学科的积极性。还要充分考虑新浙江大学的学科优势与特色,国家与区域社会经济发展的需要,以及世界一流大学的结构等因素。系原则应建立在一级学科上,学院原则上应包括两个及以上一级学科,一般不跨门类。据此,学校组建了20个学院。

新浙江大学聘请海内外著名专家、院士担任各学院院长,有力促进了师资队伍提升和学科之间的融合与发展。图为1999年3月26日举行的人文学院院长金庸受聘仪式。

德国语言学专家施泰恩·米勒受聘为外国语学院院长(摄于2003年8月28日)。

明确发展战略

四校合并初期,学校确立了中长期建设与发展的总体目标:到 2017 年建校 120 周年时,把浙江大学建设成为我国高素质创造性人才培养、高水平科学研究和知识创新、高科技辐射和高技术产业化、国际文化学术交流的基地和中心之一,教育质量和科研水平稳居国内大学前列,有显著办学特色,具有世界先进水平的综合型、研究型、创新型的一流大学。

2011 年 12 月,中共浙江大学第十三次代表大会举行。大会在第十二次党代会提出的阶段性目标和任务的基础上,进一步确立了建设世界一流大学的"三步走"目标与愿景,力争经过三个阶段的努力,到本世纪中叶,使浙江大学进入世界一流大学的前列。图为中共浙江大学第十三次党代会现场。

2005 年 12 月学校召开了中共浙江大学第十二次代表大会,提出以提高办学质量为核心,着力在教育教学创新、重大科技突破、领先学科培育、杰出人才和创新团体集聚、办学资源优化等方面实现又快又好的发展,为全面完成学校"十一五"规划和各项任务、主要办学指标稳居于国内大学前列、部分指标接近世界一流大学水平而努力奋斗。

时任校党委书记张曦在中共浙江大学第十二次代表大会上作报告(摄于 2005 年 12 月)。

第十章 树我邦国奔一流（1998— ）

校党委书记金德水在党代会上作报告（摄于2011年12月）。

学校围绕内涵发展、提高质量的办学要求，研究制订了全面提高办学质量的"六高强校"战略。

《浙江大学中长期发展纲要》文件第1页。

第一阶段

经过10年左右的努力，在中国共产党建党100周年、中国全面建成小康社会和创新型国家之际，浙江大学人才培养、科学研究、社会服务、文化传承与创新整体水平全面提升，部分优势学科跻身世界前列，主要办学指标和整体实力初步达到世界一流大学水平。

On the occasion of centennial ceremony of Communist Party of China and the accomplishing of moderately prosperous society and innovative country, Zhejiang University will have a comprehensive improvement in talent cultivation, scientific research, social service, cultural continuity and innovation through 10 years' efforts. Besides, some of the advanced departments are among the first class in the world, the major school-running targets and the overall strength will ascend to meet the standards of world class universities.

第二阶段

再经过15年左右的努力，在中国总体经济实力稳定居世界前列、并全面向现代化国家迈进之际，浙江大学服务国家战略的能力更加突出，在国际学术领域的地位显著提升，更多优势学科进入世界前列，主要办学指标和整体实力稳居世界一流大学水平。

Through 15 years' efforts, as the overall economic strength of China is among the first class of the world and stepping into a fully modernized country, Zhejiang University would better serve the national strategy and have a better improvement in international academic field; more advanced departments are among the first class in the world, the main school-running target and the overall strength would fully meet the standards of world class universities.

第三阶段

再经过15年左右的努力，在新中国成立100周年、建成社会主义现代化国家之际，浙江大学办学声誉获得世界公认，部分优势学科达到世界顶尖水平，主要办学指标和整体实力达到世界一流大学前列水平。

On the occasion of centennial ceremony of the foundation of China and the accomplishing of socialist modernized China, Zhejiang University would establish its fame in university education, some advanced departments are in leading positions around the world, the main school-running target and the overall strength would take a lead in world class universities.

浙江大学创建世界一流大学的"三步走"目标与愿景。

为确保实现办学使命,学校制订了《浙江大学章程》并经教育部核准。图为《浙江大学章程》。

拓展办学空间

为适应新浙大快速发展的要求,学校积极谋划与拓展办学新空间。此举得到了党和国家领导人、中央和地方的大力支持。

紫金港校区总平面图

2001年,位于杭城西北部的紫金港新校区开始动工建设。时任中共浙江省委书记张德江出席开工典礼。2002年10月,紫金港校区东区基本建成,首批6000多名本科生、研究生迁入新校区。规划经过两期建设,紫金港校区占地将达5370亩,形成以紫金港路为中轴的东区和西区两个部分。图为紫金港校区总平面图。

时任校党委书记张浚生（左二）、校长潘云鹤（左一）等校领导在研究紫金港新校区建设方案。

第十章 树我邦国奔一流(1998—)

紫金港校区教学区鸟瞰。

紫金港校区启真湖及周边的教学楼。

紫金港校区医学院、药学院建筑群。

紫金港校区安中大楼一角。

紫金港校区东教学楼。

紫金港校区食堂。

2005年,为改善教职工住宿条件, 吸纳高端人才,学校排除种种困难,提出并实施了"450工程"。至2007年学校新建或改建包括紫金文苑、港湾家园等在内的教职工专用房近80万平方米。

2011年3月31日,金德水书记在学校2011年年度工作会议上又提出实施"1250安居工程",即在"十二五"期间建设可出售的人才房和不出售的教师公寓合计约50万平方米。

汇聚一流师资

在新浙大创建世界一流大学的历程进程中，始终将师资队伍建设放在首位，坚持培养和引进一流师资，为教学育人、知识创新、科学研究提供强大的人才支撑。为实现世界一流大学目标，浙江大学制订了"1311人才工程"发展战略，即：到2017年前后，核心教师队伍规模基本稳定在3500人左右，形成100名左右具有国际影响力的高端人才，培养和引进300名左右具有国际知名度的高级人才，建设100个左右面向国家和区域性重大任务或科学问题的创新研究团队，支持1000名左右支撑学校未来发展的青年骨干人才。

中国科学院院士				
唐孝威	沈家骢	陈子元	曹楚南	路甬祥
沈之荃	韩祯祥	张　泽	朱位秋	杨　卫
杨文采	麻生明	翟明国	朱诗尧	段树民
罗民兴	杨树锋	陈云敏		

中国工程院院士				
巴德年	汪槱生	路甬祥	孙优贤	岑可法
董石麟	潘云鹤	郑树森	宫先仪	邬江兴
李兰娟	王　浩	许庆瑞	谭建荣	龚晓南
侯立安	欧阳平凯	杨华勇	陈　纯	

目前在校任教的中国科学院院士和中国工程院院士有36位（2017年，其中路甬祥是中国科学院院士、中国工程院院士）。

第十章 树我邦国奔一流（1998— ）

唐孝威院士和学生交流。

曹楚南院士在作报告。

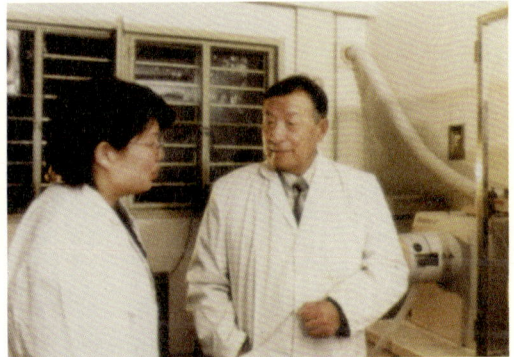
沈家骢院士（右）与科研人员交流。

巴德年院士与学生交流。

董石麟院士在阅读文献。

学校在全力推动自然学科发展的同时，着力扶持人文社科的繁荣进步，先后采取了一系列发展举措。2003年，浙江大学首届文科大会召开，提出了"强所、精品、名师"的发展战略。2008年，又成立社会科学研究院，提出了"古今汇通、东西互动、中外认知、文理交融"的十六字文科发展方针。图为浙江大学首届文科大会现场（摄于2003年4月15日）。

2011年，学校提出要深入推进人文社会科学繁荣和发展，强调繁荣发展人文社会科学是党和国家赋予的重要历史使命。图为校党委书记金德水在文科发展领导小组扩大会议上讲话（摄于2011年10月26日）。

学 科	姓 名	聘任时间
企业管理	王重鸣	2012年12月
教育史	田正平	2014年1月
中国古典文献学	张涌泉	2014年1月
法学理论	张文显	2015年1月
文艺学与美学	徐 岱	2015年1月
西方经济学	史晋川	2015年1月
劳动经济学	姚先国	2015年1月
国际法学	王贵国	2015年9月
外国语言文学	许 钧	2016年9月

2010年11月，学校决定设立文科资深教授岗位，这是浙江大学自主设立的人文社会科学领域最高学术岗位与学术荣誉。至2016年9月，学校已批准9位文科资深教授。图为浙江大学文科资深教授名单。

浙江大学文件

浙大发人〔2010〕65号

浙江大学关于印发《浙江大学文科资深教授评选暂行办法》的通知

各学部、学院（系），各部门，各校区管委会，直属各单位：

现将《浙江大学文科资深教授评选暂行办法》印发给你们，请遵照执行。

二〇一〇年十一月二十四日

— 1 —

《浙江大学文科资深教授评选暂行办法》文件。

国家"千人计划"学者	124人
"万人计划"领军人才	63人
教育部"长江学者奖励计划"	127人
国家杰出青年基金获得者	130人
"百千万人才工程"国家级人选	80人
教育部高校教学名师奖获得者	10人
浙江省特级专家	43人

学校杰出人才一览表（截止2017年3月）。

浙江大学文件

浙大发人〔2008〕21号

浙江大学关于实施教学科研人员分类管理的意见

各学院，各部门，各校区管委会，直属各单位：

根据学校创建一流研究型大学的需要，为体现教学科研人员分层次、分类别的人事管理和考核晋升制度，按照"人尽其才，才尽其用"的原则，充分调动和发挥广大教学科研人员的积极性、能动性和创造性，积极探索与建立适应研究型大学特点和要求的各类人才评价体系，根据学校教学科研人员的工作特点和发展目标，提出如下实施意见。

一、实施教学科研人员分类管理的基本原则

（一）根据我校教学科研人员的实际情况，将现有教学科研人员的岗位分为：（1）教学科研并重类；（2）研究为主类；（3）教学为主类；（4）应用推广类；（5）其他类。各类岗位数量根据学校教学科研工作需要按一定比例设置。

（二）对不同类别的教学科研人员实行不同的考核要求和政策支

— 1 —

为进一步优化教师队伍结构，提升师资水平，2008年开始学校实施教学科研人员分类管理改革，将教学科研人员岗位分为教学科研并重岗、研究为主岗、教学为主岗、社会服务与技术推广岗、团队聘岗等五类岗位。图为《浙江大学关于实施教学科研人员分类管理的意见》文件。

为鼓励一线教师潜心教学，学校于2011年设立"心平奖教金"（2016年更名为"永平奖教金"）。该奖教金设"杰出教学贡献奖"、"教学贡献奖"和"教学贡献提名奖"三类，奖金额度分别为人民币100万元、10万元和5万元，于每年教师节表彰，至今已有郁建兴（第一届）、姚英樱（第二届）、张振跃（第二届）、苏德矿（第三届）、王岳飞（第四届）、方富民（第五届）等先后获得杰出教学贡献奖。图为获奖者组图。

为进一步促进研究生导师队伍能力建设，浙江大学于2007年11月设立求是导师学校，帮助教师更好地履行导师职责，养成优秀导师的品质。图为首期求是导师学校开学典礼（摄于2007年11月）。

浙江大学教育部高校教学名师一览

院　系	姓　名	获得年度	备　注
人文学院	吴秀明	2003	第一届
数学学院	林正炎	2003	第一届
机械学院	陆国栋	2006	第二届
数学学院	杨启帆	2006	第二届
外语学院	何莲珍	2006	第二届
生工食品学院	应义斌	2008	第四届
生命科学学院	吴　敏	2008	第四届
生工食品学院	何　勇	2009	第五届
光电学院	刘　旭	2011	第六届
农学院	朱　军	2011	第六届

何莲珍在上课。

陆国栋在上课。

吴敏教学场景。

在第 31 个教师节到来之际，习近平总书记收到浙大张泽院士等 49 位教师的来信。总书记高度重视浙江工作，关心浙大发展，特别嘱托，转达他对浙大教师的节日祝贺。总书记说，浙大教师信念坚定、师德高尚、业务精良，为党和国家事业培养了大批人才。我们要实现"两个一百年"奋斗目标，实现中华民族伟大复兴的中国梦，需要一大批忠诚党的教育事业的老师们精心育人，源源不断培养和造就一代又一代社会主义事业的合格建设者和可靠接班人。总书记希望浙大在这方面走在前列。

——中共中央办公厅受习近平总书记嘱托，致浙江省委转浙江大学函的内容摘要。

培育时代英才

学校确立了"以人为本、整合培养、求是创新、追求卓越"的教育理念，努力培养德智体美全面发展、具有国际视野的高素质创新人才和未来领导者。

2001—2003年，学校举办了新浙大成立后首次教育研讨会，通过长达三年时间的大讨论，进一步深化了对大学教育使命的认识，确立了"以人为本、整合培养、求是创新、追求卓越"的全新教育理念。随后，相继实施了以选课制为中心，弹性学制、导师制和主辅修制为辅助的学分制，以及四学期制等一系列教育教学改革。图为教育工作研讨总结大会（摄于2003年）。

2000年6月成立的竺可桢学院，源于1984年创办的混合班。以培养"基础宽厚，知识、能力、素质、精神俱佳，在专业及相关领域具有国际视野和持久竞争力的高素质创新人才和未来领导者"为目标。图为竺可桢学院成立揭牌仪式。

学校围绕高素质创新型人才培养,推行"一横多纵"的本科教育教学管理模式。"一横"指新生进校之后,在主修专业确认之前的通识教育培养阶段,以本科生院的"求是学院"负责管理为主,专业学院协助管理为辅;"多纵"指本科生在主修专业确认之后,以专业学院管理为主。2008年7月,求是学院正式成立,专门负责大类招生后通识教育阶段的培养。图为求是学院揭幕仪式。

自2002年开始,学校举办"三育人"(教书育人、管理育人、服务育人)标兵评选活动,每两年一届。图为学校领导在三育人标兵颁奖晚会上为标兵授旗(摄于2014年9月29日)。

2000年度全国百篇优秀博士学位论文获得者潘洪革在接受导师王启东教授指导。

外国留学生教育规模不断扩大，截至2015年，已有140多个国家和地区的留学生来浙大接受本科教育和研究生教育。图为2013届外国留学生毕业典礼。

雪斌、陈伟、子飞、栋梁同学：

　　去年十二月份的信和调研报告，辗转多日，送到我手中已经是今年三月了，迟复为歉。大学生开展农场调查是一件很有意义的事。回想六十年代我上大学时，几乎每个假期都到农场去，结识了许多农民朋友。在中国不懂农村就不会真正懂国情。对大学生来说，无论将来从事什么工作，了解农村都是不可或缺的一课。你们反映的关于建设社会主义新农村中的问题，中央早已察觉，并积极朝着正确的方向加以引导。尽管如此，在一些地方问题仍旧不同程度地存在，这是需要重视的。"五四"青年节快到了，祝大家节日好！

　　　　　　　　　　　　温家宝
　　　　　　　　　二〇〇八年四月二十一日

2008年4月，温家宝总理给浙江大学四名同学亲笔回信，鼓励大学生开展农村调查，真正了解国情。图为温家宝给浙大四同学的回信内容。

浙江大学从2004年开始组队参加机器人世界杯足球赛，屡获佳绩。2013年获得小型组冠军，2014年获得小型组亚军。图为浙大学生参赛现场（摄于2014年7月）。

学校于 2011 年 9 月开始实施"新生之友"寝室联系制度,一位"新生之友"老师联系一个本科生新生寝室。图为校党委书记金德水与"新生之友"交流。

学校为荣获 2010 年度国际大学生数学建模竞赛特等奖学生颁奖。(摄于 2010 年)。

2014 年日内瓦国际发明展金奖"气动蛇"项目参与者合影。

2014年11月,李克强总理来浙江大学考察,并和学生座谈,勉励同学们深刻理解浙大校训,指出:"求是"就是孜孜不倦追求真理,这是创新之基,也是走向社会安身立命之本,创业不仅需要创新意识,更需要文化底蕴和求是精神。

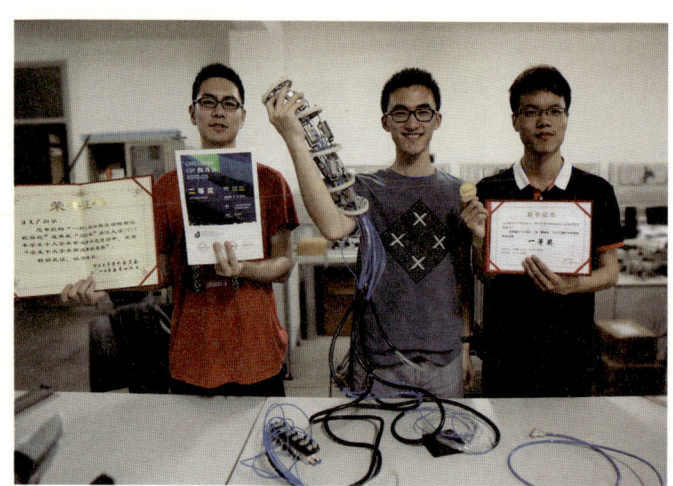

浙大学生在2014年"创青春"全国大学生创业大赛中获得8项金奖,列全国高校首位。

图为2006年第五届蒲公英创业计划竞赛优胜者授奖仪式。

"启真杯"学生十大学术新成果评选,是浙大2014年为提升学术氛围,鼓励跨学科交流合作,面向全校本科生、硕士研究生和博士研究生创设的一项学术活动。图为"启真杯"浙江大学2014年学生十大学术新成果颁奖仪式。

学校大力实施创新创业训练计划,增强学生的创新能力和在创新基础上的创业能力。

勇攀学科高峰

学校主动对接国家重大战略需求和区域产业规划，对接国际前沿，在载人航天、探月工程、微小卫星、光纤制导、大飞机、国家治理、文化创新等领域取得一系列关键成果。

时任校长林建华在浙江大学科技工作会议上讲话（摄于 2014 年 3 月 14 日）。

学校在"十三五"期间重点支持社科、工学、信息、农学和医学领域等 20 个学科的发展，催生重点的方向、大师、成果和项目，建设一批国内领先、在国际上具有影响力的品牌学科。图为吴朝晖校长在高峰学科建设支持计划启动会上讲话（摄于 2015 年 12 月 28 日）。

学校努力培育与建设创新人才培养和科学研究支撑基地,为建设创新型国家提供高层次人才和智力支持。截止2016年底,浙大拥有14个国家重点学科,21个国家重点二级学科。

浙江大学国家重点学科一览

国家重点一级学科

数学	化学	机械工程	光学工程	材料科学与工程	动力工程及工程热物理	电气工程	控制科学与工程	土木工程	生物医学工程	园艺学	农业资源利用	植物保护	管理科学与工程

国家重点二级学科

宪法学与行政法学	教育史	应用心理学	中国古典文献学	理论物理	凝聚态物理	植物学	生物物理学	生态学	固体力学	通信与信息系统	计算机应用技术	化学工程	农业机械化工程	环境工程	作物遗传育种	特种经济动物饲养	内科学（传染病）	儿科学	外科学（普外）	肿瘤学

医学院彭淑牖教授主持的"刮吸手术解剖法的建立与多功能手术解剖器的研制"项目获2001年度国家技术发明奖二等奖;主持的"捆绑式胰肠吻合术的临床及实验研究"项目获2005年度国家科技进步二等奖。图为彭淑牖教授在查阅文献。

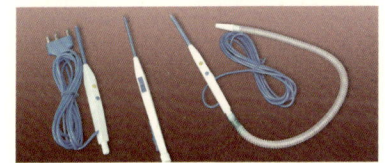

彭淑牖教授主持研制的刮吸手术解剖器。

教育史重点学科田正平教授在作演讲。

中国古典文献学重点学科张涌泉教授在阅读文献。

浙江大学重要科研机构一览

国家重点实验室
硅材料国家重点实验室
计算机辅助设计与图形学国家重点实验室
流体动力与机电系统国家重点实验室
工业控制技术国家重点实验室
现代光学仪器国家重点实验室
能源清洁利用国家重点实验室
传染病诊治国家重点实验室
化学工程联合国家重点实验室（联合）
植物生理学与生物化学国家重点实验室（参加）
水稻生物学国家重点实验室（参加）

国家工程研究中心
工业自动化国家工程研究中心
电力电子应用技术国家工程研究中心

国家工程技术研究中心
国家光学仪器工程技术研究中心
国家电液控制工程技术研究中心
国家水煤浆工程技术研究中心
国家列车智能化工程技术研究中心

教育部人文社会学科重点研究基地
浙江大学农业现代化与农村发展研究中心
浙江大学汉语史研究中心
浙江大学民营经济研究中心

浙江大学获自然科学研究重大科研成果奖一览

年份	国家自然科学奖	国家技术发明奖	国家科技进步奖
1998年			二等奖（1）三等奖（3）
1999年			三等奖（3）
2000年			二等奖（5）
2001年		二等奖（1）	
2002年	二等奖（2）		二等奖（1）
2003年			二等奖（2）
2004年		二等奖（1）	二等奖（6）
2005年	二等奖（2）		二等奖（1）
2006年	二等奖（1）		二等奖（2）
2007年	二等奖（2）	二等奖（1）	二等奖（3）
2008年		二等奖（2）	二等奖（2）
2009年		二等奖（3）	二等奖（6）
2010年		二等奖（1）	二等奖（4）
2011年			二等奖（4）
2012年		二等奖（1）	一等奖（1）二等奖（4）
2013年	二等奖（3）	二等奖（3）	一等奖（2）二等奖（3）
2014年	二等奖（1）	二等奖（1）	二等奖（2）
2015年	二等奖（1）		一等奖（1）二等奖（2）
2016年	二等奖（2）	二等奖（3）	一等奖（1）二等奖（3）

注：括号内数字为获奖项数。

浙江大学获教育部高等学校科学研究优秀成果奖（人文社会科学）一览

届数/年份	一等奖	二等奖	三等奖	普及奖	小计
第一届/1995	3	6	无	无	9
第二届/1998	1	8	9		18
第三届/2002	2	4	9		15
第四届/2006	无	2	10		12
第五届/2009	1	9	12		22
第六届/2012	1	8	19	1	29
第七届/2015	1	3	25		29
小计	9	40	84	1	134

注：表内数字为获奖项数。

杨华勇教授领衔的科研团队在施工现场研讨，及杨华勇教授主持的"盾构装备自主设计制造关键技术及产业化"项目获2012年国家科学技术进步奖一等奖证书。

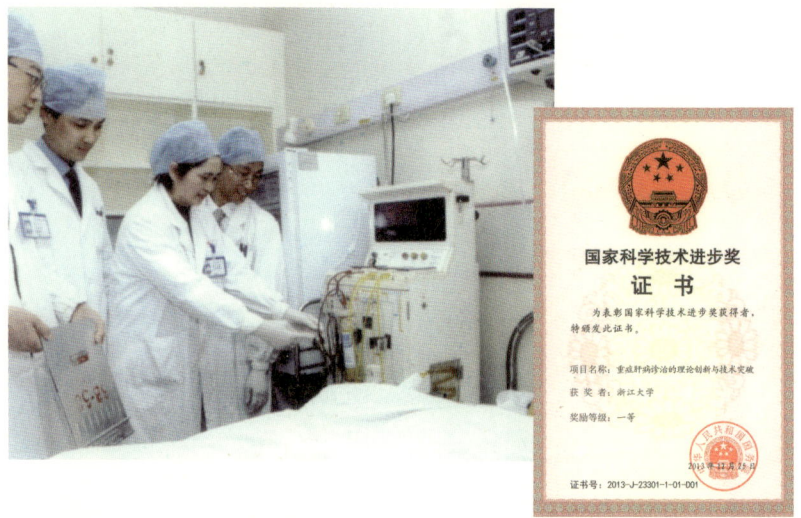

李兰娟教授领衔的医疗科研团队在病房巡查研讨，及李兰娟教授主持的"重症肝病诊治的理论创新与技术突破"项目获2013年国家科学技术进步奖一等奖证书。

孙优贤教授领衔的科研团队在研究设计，及孙优贤教授主持的"高端控制装备及系统的设计开发平台研究与应用"项目获2013年国家科学技术进步奖一等奖证书。

郑树森院士和李兰娟院士共同领衔的"终末期肝病综合诊治创新团队",获得2015年国家科技进步奖(创新团队)一等奖(摄于2016年1月8日)。

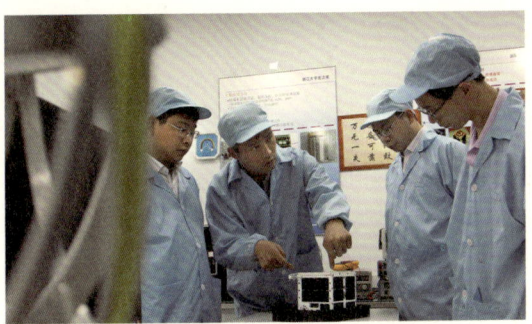
2010年9月,由浙江大学科研人员研制的我国公斤级卫星(皮卫星)首次发射成功。图为皮卫星科研团队研究现场。

神舟五号宇航员杨利伟(右)和我校电气工程学院"神舟五号"载人航天飞船生命保障系统电气动力装置子课题组负责人林瑞光教授(左)的合影。

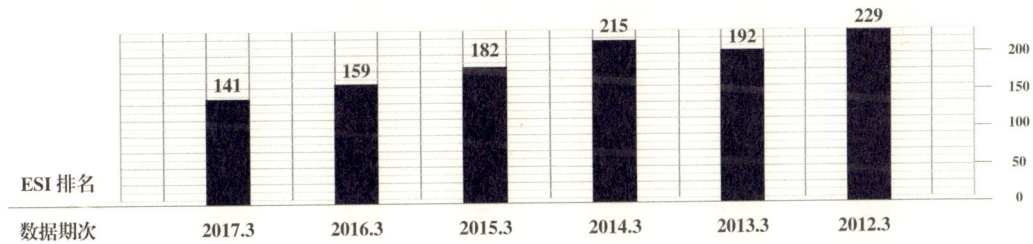

浙江大学ESI排名呈上升趋势。

浙江大学2011—2016年QS、THE、ARWU和US News排名情

浙江大学在"国际高等教育研究机构"(QS)、"泰晤士报"(THE)、"上海交通大学世界大学学术排名"(ARWU)、"美国新闻与世界报道"(US News)四大国际排行榜上都呈上升趋势。

年份	QS	THE	ARWU	US News
2011	191	301—350	201—300	/
2012	170	301—350	151—200	/
2013	165	301—350	151—200	/
2014	144	301—350	151—200	128
2015	110	251—300	101—150	106
2016	110	201—250	101—150	106

服务社会

浙江大学始终将服务地方经济和社会发展作为重要使命,在全方位服务国家重大战略和社会需求的过程中形成了"高水平、宽领域、强辐射"的社会服务"浙大模式",构建了人才培养与培训、工业技术研究与推广、农业技术推广、决策咨询、医疗卫生、国际合作开发六大社会服务体系。

为发挥学校在国家治国理政中的智力支持,积极推进国家治理体系和治理能力现代化建设,浙江大学着力打造具有中国特色、浙大影响力的智库建设。中国西部发展研究院是浙江大学支持西部大开发的科学研究、科技服务、人才培养和培训、国际合作与交流的重要基地。图为浙江大学中国西部发展研究院成立大会现场(摄于2006年10月)。

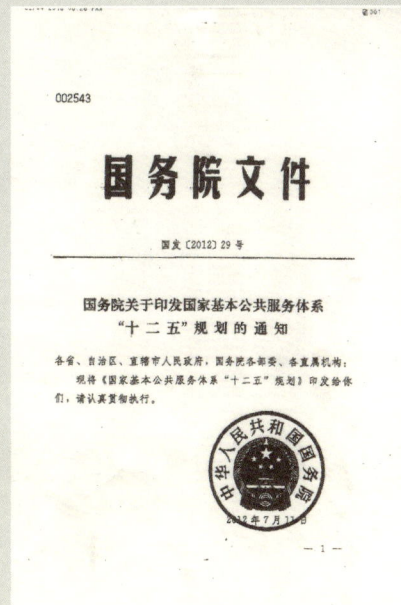

受有关部门委托，中国西部发展研究院参与研究起草了多个党中央和国务院文件，承担了一批国家重大战略规划的研究编制。图为研究院参与编制的《西部大开发"十二五"发展规划》等文件。

受国家商务部委托，浙江大学中国农村发展研究院（CARD）自2004年起承办"反贫困问题高级研修项目"，迄今已有500多位发展中国家政府官员接受培训。图为黄祖辉教授给发展中国家政府官员讲课。

浙江大学民营经济研究中心是我国高校中首家以民营经济问题为研究重点的学术与政策研究机构。图为民营经济研究中心的研究成果《中国民营经济发展报告》。

为更好地服务地方建设，努力提升学校服务社会能力和贡献率，浙江大学积极推动校地合作，取得了一系列合作成果，形成了浙大校地合作模式与特色。1999年，浙江大学与杭州市人民政府合作创办了浙江大学城市学院。图为城市学院教学楼群。

2001年，浙江大学与宁波市人民政府合作创办了浙江大学宁波理工学院。图为宁波理工学院。

2012年，为主动对接国家海洋战略，浙江大学与舟山市人民政府合作，共建浙江大学舟山校区（浙江大学海洋学院）。图为舟山校区校园概貌（摄于2016年）。

浙江省委宣传部先后与浙江大学签约共建浙江大学传媒与国际文化学院、马克思主义学院。图为浙江省委宣传部与浙江大学签约共建浙江大学马克思主义学院仪式（摄于2015年12月8日）。

浙江大学于2015年7月开始筹备浙江工程师学院（浙江大学工程师学院），2016年9月12日正式揭牌成立，努力将工程师学院打造成为支撑我国和我省产业转型升级的高级工程科技人才培养基地和工程领域的产学研创新平台。图为工程师学院日常学习分小组讨论课堂。

2015年4月2日,时任浙江省委书记夏宝龙一行视察浙江大学舟山校区,听取吴朝晖校长汇报校区建设进展。

浙江大学和杭州市确立了长期、稳定、全面和特殊的战略合作关系。图为2004年浙江大学与杭州市战略合作会议现场。

浙江大学与湖州市合作共建的省级社会主义新农村实验示范区是全国第一个以推进农村全面建设为目标的校地合作示范区。图为双方合作签字仪式(摄于2006年5月21日)。

2013年5月14日,时任浙江省省长李强考察浙江大学,强调浙江大学要通过产学研互动融合,创建世界一流大学。

为了更好地发挥研究型大学交叉集成创新优势,服务创新型国家建设,加快传统产业转型升级,培育战略新兴产业,学校于2009年成立浙江大学工业技术研究院,后更名为浙江大学工业技术转化研究院。图为浙江大学与苏州市高新区共建的浙江大学苏州工业技术研究院揭牌(摄于2011年2月21日)。

2009年中组部在浙江大学设立全国干部教育培训基地。基地充分发挥浙江大学的科研优势、学科优势、人才优势以及国际学术交流的优势,培养党和国家事业发展需要的干部人材。图为浙江大学与中国井冈山干部学院在紫金港校区签署战略合作协议(摄于2012年10月13日)。

学校充分利用浙江大学在科技、人才、实验设备和文化氛围等方面的综合资源优势,于2000年创立国家大学科技园试点园区,2001年5月被国家科技部、教育部联合批准成为国家级大学科技园。图为老和山下浙江大学国家科技园。

2016年12月26日,学校成立浙江大学紫金众创小镇管理委员会。努力融入浙江省全力打造的"杭州城西科创大走廊",并通过引进研究中心、金融机构,建起创业社区、人才公寓,整合起以浙大为核心的国际产学研合作资源,让浙大的创新资源和人才真正动起来,成为国际合作与技术转化的大平台、中小企业创新生态系统的核心区和师生联合创业的梦工场。依托浙大紫金港校区,辐射主城空间,规划面积总计8.06平方公里的紫金众创小镇,其核心区块位于小镇西侧,总面积约为0.72平方公里。图为紫金众创小镇建设效果图。

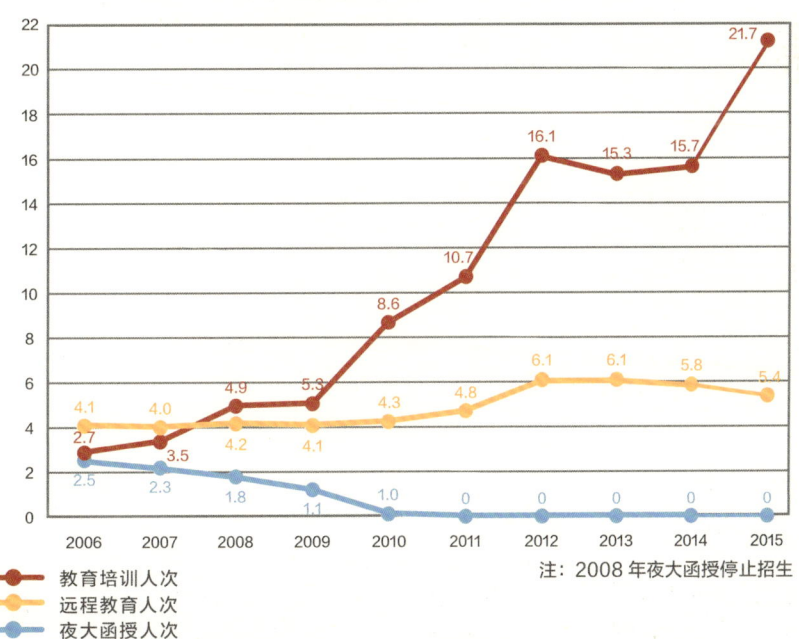

2006—2015年继续教育培养人次一览图(单位:万人)

注:2008年夜大函授停止招生

- 教育培训人次
- 远程教育人次
- 夜大函授人次

为适应国家经济建设和社会发展的需要,学校坚持"高层次、高水平、高效益、国际化"的继续教育办学方针,为国家培养了大批中高级管理和科技人才。

传承优秀文化

2015年11月27日，学校党委常委会讨论通过表述方案，确立了"求是创新"校训，"勤学、修德、明辨、笃实"的浙大人共同价值观和"海纳江河、启真厚德、开物前民、树我邦国"的浙大精神。

为传承浙江大学求是文化，弘扬求是精神，学校组织师生开展校歌传唱活动，图为2007年庆祝浙江大学建校110周年教职工校歌合唱举行的校歌合唱比赛场景。

浙江大学龙舟队在龙舟竞赛中。

浙江大学大型原创话剧"求是魂"演出。

春节期间留校的师生欢度春节。

"人文经典 四季歌行"传统文化主题活动。

为充分发挥学校文化传承与创新的功能，大力弘扬社会主义先进文化，浙江大学开展了传承、弘扬、发展、创新民族文化的系列研究与活动，形成具有浙大特色的文化品牌，成为民族文化传承的重要力量。以浙江大学原党委书记张曦为总主编的《宋画全集》在北京人民大会堂举行首发式暨出版座谈会现场（摄于2008年12月）。

学校向美国国会图书馆、联合国教科文组织（UNESCO）和法国国家图书馆赠送《宋画全集》、《元画全集》等图书。图为浙江大学向联合国教科文组织赠送《宋画全集》（摄于2015年10月13日）。

《龙泉司法档案》是国内迄今所见民国时期保存最完整的地方司法档案，是研究中国法制史、社会史、近代化进程的珍贵史料。浙江大学地方历史文书编纂与研究中心承担的《龙泉司法档案选编》，开创了浙江省系统整理、编纂和出版档案史料的先河，具有重要的学术价值。

第十章 树我邦国奔一流(1998—)

浙江大学文化遗产研究院科技考古团队利用高科技数字化技术，对敦煌文物进行高保真还原。

东方论坛是学校人文社科最高级别的学术讲坛。图为2011年3月31日，著名文学家余光中在东方论坛演讲。

2013年12月2日，诺贝尔文学奖获得者莫言在浙江大学演讲。

浙江大学校史馆是浙大百余年历史的见证、求是精神的殿堂、数十万浙大校友的精神家园。截至 2016 年 12 月，来自海内外约 33 万的师生校友及社会人士参观了校史馆。图为校史馆序厅。

12月31日为浙江大学学生节，丰富多彩的学生活动全方位多角度地呈现了求是学子风采。图为首届学生节狂欢夜现场。

浙江大学在诸多领域研究、开发出具有重大影响的科研成果。图为学生观众在浙江大学科技成果馆参观。

浙大学生秉承"士不可以不弘毅，任重而道远"的信念，自2002年起每年举办"毅行"活动。图为浙大学生"毅行"现场（摄于2016年12月）。

师生参加体育活动。

2006年10月9日，浙江大学文琴艺术团在纽约联合国总部演出。

"重走西迁路——浙江大学求是精神主题教育活动"、"寻访红色记忆，勇担强国使命——浙江大学'红色寻访'主题教育活动"、"创新三全育人新机制，构筑亦师亦友新文化——浙江大学'新生之友'育人实践"，先后获得了教育部高校校园文化建设优秀成果特等奖，成为弘扬浙江大学求是精神和传统文化的重要载体。图为"重走西迁路——浙江大学求是精神主题教育活动"现场（摄于2005年8月）。

凝聚校友力量，传承求是精神，广大浙大校友在立德树业中形成了"爱校、荣校"的校友精神，成为浙大精神在社会行走中的播种机。2000年1月16日，新浙江大学首届校友代表大会暨校友总会成立大会在玉泉校区举行，时任校长潘云鹤教授被推选为校友总会会长。图为大会现场。

旅美校友汤永谦、姚文琴夫妇先后为母校捐资设立和兴建"永谦活动中心"、"永谦数学大楼"、"文琴艺术总团"、"汤氏化工奖教奖学金"等项目，累计达500万美元。2000年，又设立"汤永谦学科建设发展基金"，为我校学科建设发展和人才培养发挥了重要作用。图为汤永谦（右六）、姚文琴（右三）、张浚生（右五）、金德水（右四）出席"永谦学生活动中心"落成典礼（摄于2000年9月）。

玉泉校区内由校友刘奎斗捐建的竺可桢国际教育大楼（摄于2000年5月）。

由旅美校友周厚复家人捐建的紫金港校区周厚复化学楼。

网易公司总裁丁磊和旅美校友段永平一起向浙江大学捐款4000万美元。图为2006年9月21日举行的捐赠仪式。

2012年4月27日,国学大师姜亮夫先生史料捐赠仪式暨捐赠史料展揭幕仪式在紫金港校区图书馆举行。

始于2012年的"缘定浙大"浙江大学校友集体婚礼是校庆重要活动之一,每年都有百余对校友新人参加。图为2013年婚礼现场。

国际交流与合作

2013年，经教育部和浙江省人民政府同意，浙江大学与海宁市人民政府合作，共建浙江大学海宁国际校区。2015年10月，教育部正式批准浙江大学成立国际联合学院（海宁国际校区）。

2015年10月21日，中国国家主席习近平访问帝国理工学院。期间，浙江大学校党委书记金德水与帝国理工学院签署了新的合作意向书，约定在帝国理工学院西校区建设浙江大学—帝国理工学院合作基地，这标志着自2013年签署合作谅解备忘录后两校战略合作关系的升级。

2016年9月，国际联合学院正式开学，内设浙江大学—帝国理工学院应用数据科学联合实验室、中国学中心、浙江大学—爱丁堡大学联合学院和浙江大学—伊利诺伊大学厄巴纳—香槟分校联合学院。图为海宁校区国际联合学院建设效果图。

浙江大学以创建世界一流大学为目标,在办学理念、教育模式、人才培养、科研合作、文化交融等方面积极推进国际交流与合作,讲好中国故事,发出浙大声音。

2013年5月,浙江大学和英国帝国理工学院在杭州签署了"中国浙江大学—英国帝国理工学院合作谅解备忘录"。

2002年8月,世界著名理论物理学家、英国剑桥大学教授史蒂芬·霍金来浙大演讲,并受聘为名誉教授。

2003年9月10日,诺贝尔经济学奖获得者、"欧元之父"罗伯特·蒙代尔来浙江大学讲学并受聘为名誉教授。

2004年2月19—23日,法国巴黎高等师范学校校长加伯利埃尔·于杰教授率团访问浙江大学。图为加伯利埃尔·于杰教授在浙大作学术报告。

第十章　树我邦国奔一流（1998— ）

2006年3月23日，国际奥委会终身名誉主席胡安·安东尼奥·萨马兰奇到访浙江大学，接受浙江大学名誉博士荣衔。

2002年10月14日，联合国秘书长科菲·安南访问浙大，接受浙江大学的名誉博士荣衔。他在给浙大的题词中说："这个很大的荣誉不仅仅属于我个人，也属于联合国。"

2012年11月，由浙江大学和德国柏林工业大学、自由大学、洪堡大学共同主办、德国12所高校参与的2012年"德国浙江大学周"活动在柏林工业大学开幕。图为"德国浙江大学周"活动现场。

2012年5月15日，联合国教科文组织总干事伊林娜·博科娃访问浙江大学。

启真海外名师大讲堂定期邀请国际著名人士开设面向全校师生的系列讲座。图为2014年3月，诺贝尔基金会主席卡尔－亨瑞克·海尔丁访问浙江大学，并成为启真海外名师大讲堂首场讲座嘉宾。

第十章 树我邦国奔一流(1998—)

浙江大学是环太平洋大学联盟、国际大学联盟、中欧工程教育联盟等国际大学组织成员单位。学校与全球30多个国家的140多所大学及研究机构建立了校际合作关系或伙伴关系，与牛津、剑桥、斯坦福、哈佛、普林斯顿和麻省理工等30余所世界名校的一流学科形成了稳定、长效的合作机制。图为2007年5月参加环太平洋大学联盟第十一次校长年会的代表合影（前排左五为时任浙大校长杨卫）。

英国巴斯大学副校长格莱尼斯·布洛克威尔在启真海外名师大讲堂上和学生交流（摄于2014年5月26日）。

浙江大学代表团访问美国伊利诺伊大学厄巴纳—香槟分校，商谈两校联合学院开学筹备事宜（摄于2016年4月）。

2015 年 10 月，吴朝晖校长应邀出席在北京举行的"金砖国家大学校长论坛"，并主持主题为"全球化背景下的金砖国家大学合作"的大学校长圆桌会议。

2014 年 10 月 29 日，诺贝尔化学奖获得者、法国路易斯—巴斯德大学超分子化学实验室主任简·马里·莱恩教授在启真海外名师大讲堂作报告。

2012年10月26日,诺贝尔生理或医学奖获得者、美国神经科学研究所所长杰拉德·埃德尔曼教授在浙江大学演讲。

2014年11月6日,诺贝尔经济学奖得主詹姆斯·莫理斯在浙江大学演讲。

2014年12月11日,普利策国际新闻报道奖得主、美国哥伦比亚大学新闻学院乔什·弗里德曼教授在启真海外名师大讲堂作报告,并和浙江大学学生交流。

实施党建伟大工程
实现党的伟大事业

浙江大学党委认真贯彻落实党中央以及教育部、浙江省委重大决策部署，按照"实施党建伟大工程、实现党的伟大事业"的总体要求，不断提升党建科学化水平，持之以恒地抓学习明方向，抓基层打基础，抓班子带队伍，抓作风正党风，提升党的领导能力和科学决策水平，以党建工作的新局面为学校改革、发展、稳定提供坚强政治保证，为培养社会主义事业的合格建设者和可靠接班人指引正确方向。

学校持续举行"书记有约"、"校长有约"的活动，倾听大家意见，便于学校及时地掌握情况，研究采取措施。图为"书记有约"现场。

"校长有约"活动后师生合影(摄于2015年5月4日)。

"三讲"教育

2000年8—12月，浙江大学开展了以"讲学习、讲政治、讲正气"为主要内容的党性党风教育，使各级领导班子及党员干部增强了贯彻执行党的基本路线方针政策的自觉性，增强了群众意识，坚定了建设世界一流大学的决心和信心。图为浙江大学举行"三讲"教育学习报告会（摄于2000年）。

保持共产党员先进性教育活动试点工作

浙江大学保持共产党员先进性教育活动试点工作第七次院级党委书记会议。

深入学习实践科学发展观活动试点工作

2008年2—8月，浙江大学作为全国试点单位之一，围绕"改革创新破难题，科学发展创一流"这一主题，开展了深入学习实践科学发展观活动，提出了需要立即去办的20件实事，并确保各项任务落到实处，取得了"党员干部受教育、学校发展上水平、师生员工得实惠"的实效。图为浙江大学学习实践科学发展观活动试点工作动员大会。

深入开展创先争优活动

2010年6月至2012年10月,浙江大学党委开展了以"服务发展、争创一流"为主题的创先争优活动,推动全校各级党组织和广大党员围绕中心工作和本职岗位创先进、争优秀。2012年6月28日,在中央召开的全国创先争优表彰大会上,浙江大学党委被授予"全国创先争优先进基层党组织"荣誉称号。图为学校召开庆祝建党89周年暨创先争优活动工作会议。

校党委书记金德水深入基层指导党支部建设。

深入开展党的群众路线教育实践活动

自2013年7月起,浙江大学作为第一批单位,扎实开展了党的群众路线教育实践活动。全校共有1771个基层党组织、31000余名党员参加了教育实践活动。图为2013年9月1日,学校领导专程赴嘉兴南湖革命纪念馆瞻仰学习,重温入党誓词。

自2011年11月起,浙江大学党委相继开展了"五好"党支部、优秀"五好"党支部创建活动。2012年12月,学校党委又作出了开展"五好"院级党委创建活动的决定,着力提升基层党组织的战斗力、凝聚力和创造力。图为"五好"党支部验收评审会。

为深入贯彻党的十八大以来中央关于全面从严治党的要求,进一步加强和改进学校党的建设,开展好"学党章党规、学系列讲话,做合格党员"学习教育,切实强化学生党员经常性教育培训工作,提高学生党员素质,充分发挥先锋模范作用,学校党委决定自2016年起面向学生正式党员实施"先锋学子"全员培训计划。图为教育分党校组织"全员培训计划"第六次集中学习暨中共中央十八届六中全会精神专题学习会。

"两学一做"学习教育

"两学一做"学习教育是加强党的思想政治建设的一项重大部署,是协调推进"四个全面"战略布局特别是推动全面从严治党向基层延伸的有力抓手。图为浙江大学举行"两学一做"学习教育动员大会(摄于2016年4月15日)。

"两弹一星"功勋奖章获得者

王淦昌　　　赵九章　　　钱三强　　　程开甲

1999年，中共中央、国务院、中央军委授予23位科技专家"两弹一星"功勋奖章。浙江大学校友中有王淦昌、赵九章、钱三强、程开甲四位获此殊荣。他们是人民共和国的功臣，是老一辈科技工作者的杰出代表，是新一代科技工作者的光辉榜样。

国家最高科学技术奖获得者

吴文俊　　叶笃正　　徐光宪　　谷超豪　　程开甲

2000年开始，国家设立国家最高科学技术奖。至今共有27位科学家先后获得奖励。浙江大学校友中有吴文俊、叶笃正、徐光宪、谷超豪、程开甲五位获此殊荣。

第十章 树我邦国奔一流（1998— ）

　　党中央作出了建设世界一流大学的战略决策，我们要朝着这个目标坚定不移前进。办好中国的世界一流大学，必须有中国特色。没有特色，跟在他人后面亦步亦趋，依样画葫芦，是不可能办成功的。这里可以套用一句话，越是民族的越是世界的。世界上不会有第二个哈佛、牛津、斯坦福、麻省理工、剑桥，但会有第一个北大、清华、浙大、复旦、南大等中国著名学府。我们要认真吸收世界上先进的办学治学经验，更要遵循教育规律，扎根中国大地办大学。

——习近平

附 录

浙江大学院系设置沿革一览

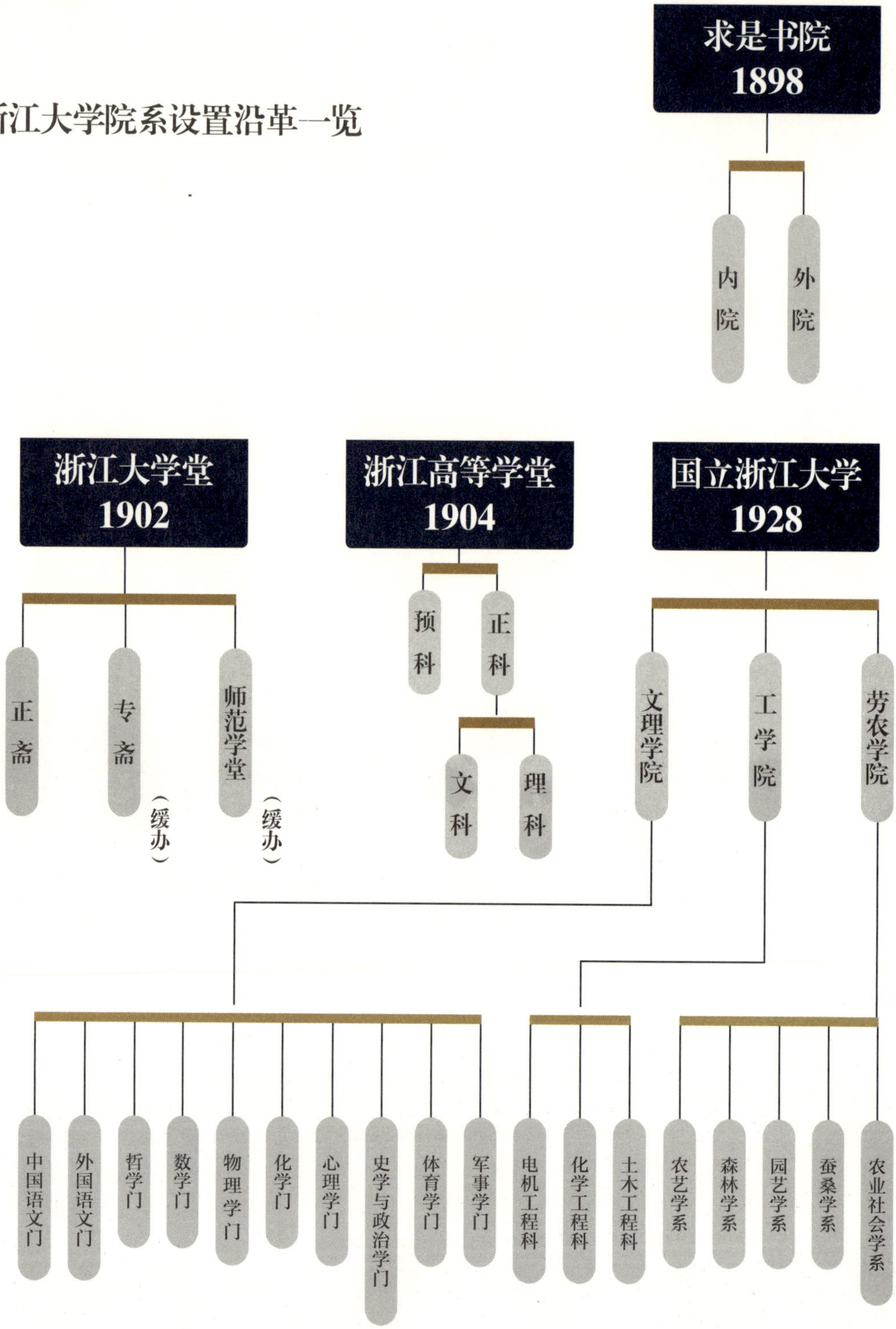

```
求是书院 1898
├── 内院
└── 外院

浙江大学堂 1902
├── 正斋
├── 专斋（缓办）
└── 师范学堂（缓办）

浙江高等学堂 1904
├── 预科
└── 正科
    ├── 文科
    └── 理科

国立浙江大学 1928
├── 文理学院
│   ├── 中国语文门
│   ├── 外国语文门
│   ├── 哲学门
│   ├── 数学门
│   ├── 物理学门
│   ├── 化学门
│   ├── 心理学门
│   ├── 史学与政治学门
│   ├── 体育学门
│   └── 军事学门
├── 工学院
│   ├── 电机工程科
│   ├── 化学工程科
│   └── 土木工程科
└── 劳农学院
    ├── 农艺学系
    ├── 森林学系
    ├── 园艺学系
    ├── 蚕桑学系
    └── 农业社会学系
```

国立浙江大学 1935

- 校长
  - 校长办公室
    - 农学院
      - 院长办公室
      - 院务会议
        - 农业社会学系
        - 农业动物学系
        - 农业植物学系
      - 代办浙江省立杭州农业职业学校
        - 初级部
        - 高级部
          - 森林科
          - 农艺科
    - 工学院
      - 院长办公室
      - 院务会议
        - 机械工程学系
        - 土木工程学系
        - 化学工程学系
        - 电机工程学系
      - 代办浙江省立高级工业职业学校
        - 染织科
        - 土木科
        - 机械科
        - 电机科
    - 文理学院
      - 院长办公室
      - 院务会议
        - 生物学系
        - 化学系
        - 物理学系
        - 数学系
        - 教育学系
        - 外国语文学系

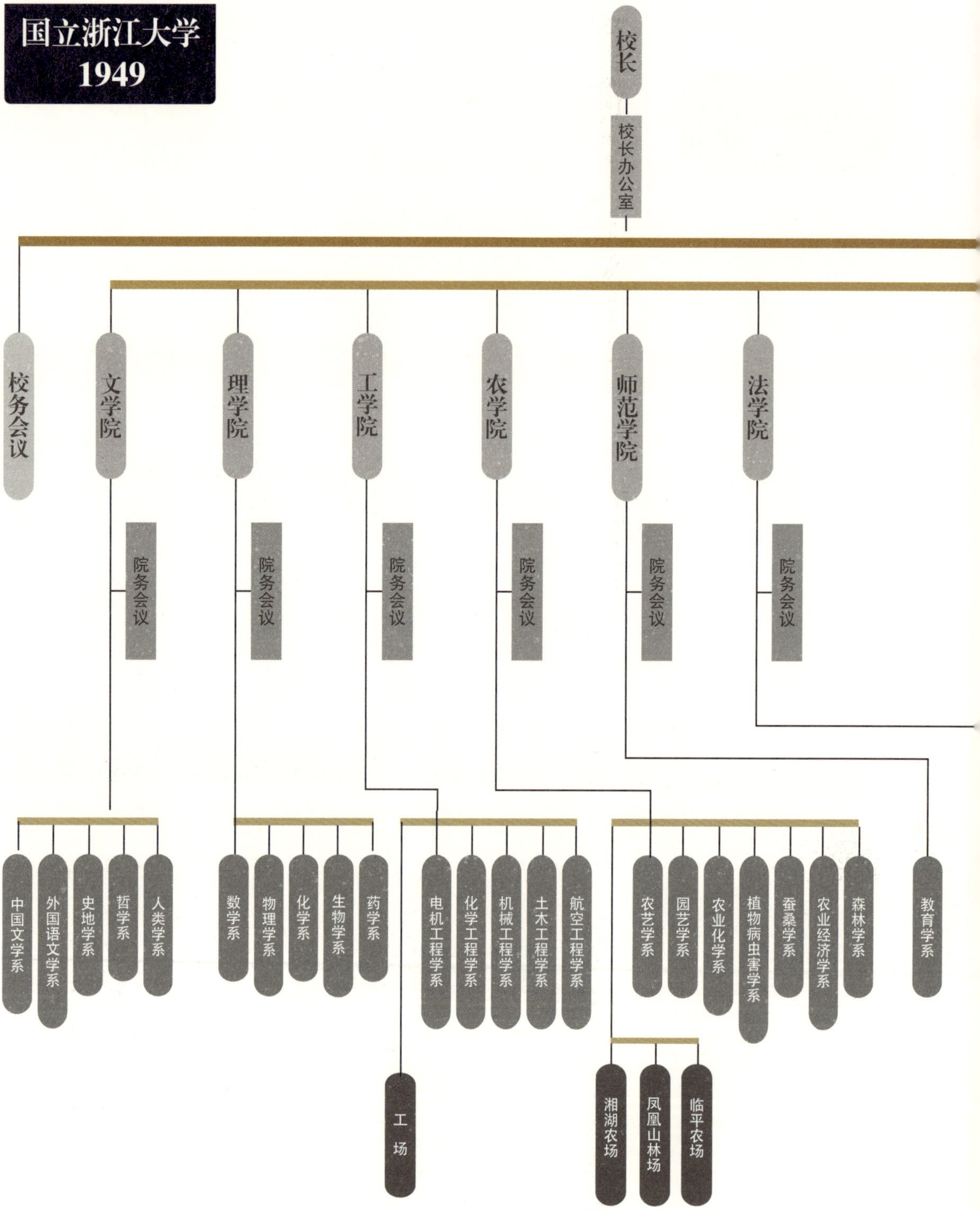

国立浙江大学 1949

校长 — 校长办公室

- 校务会议
- 文学院 — 院务会议
  - 中国文学系
  - 外国语文学系
  - 史地学系
  - 哲学系
  - 人类学系
- 理学院 — 院务会议
  - 数学系
  - 物理学系
  - 化学系
  - 生物学系
  - 药学系
- 工学院 — 院务会议
  - 电机工程学系
  - 化学工程学系
  - 机械工程学系
  - 土木工程学系
  - 航空工程学系
  - 工场
- 农学院 — 院务会议
  - 农艺学系
    - 湘湖农场
    - 凤凰山林场
    - 临平农场
  - 园艺学系
  - 农业化学系
  - 植物病虫害学系
  - 蚕桑学系
  - 农业经济学系
  - 森林学系
- 师范学院 — 院务会议
  - 教育学系
- 法学院 — 院务会议

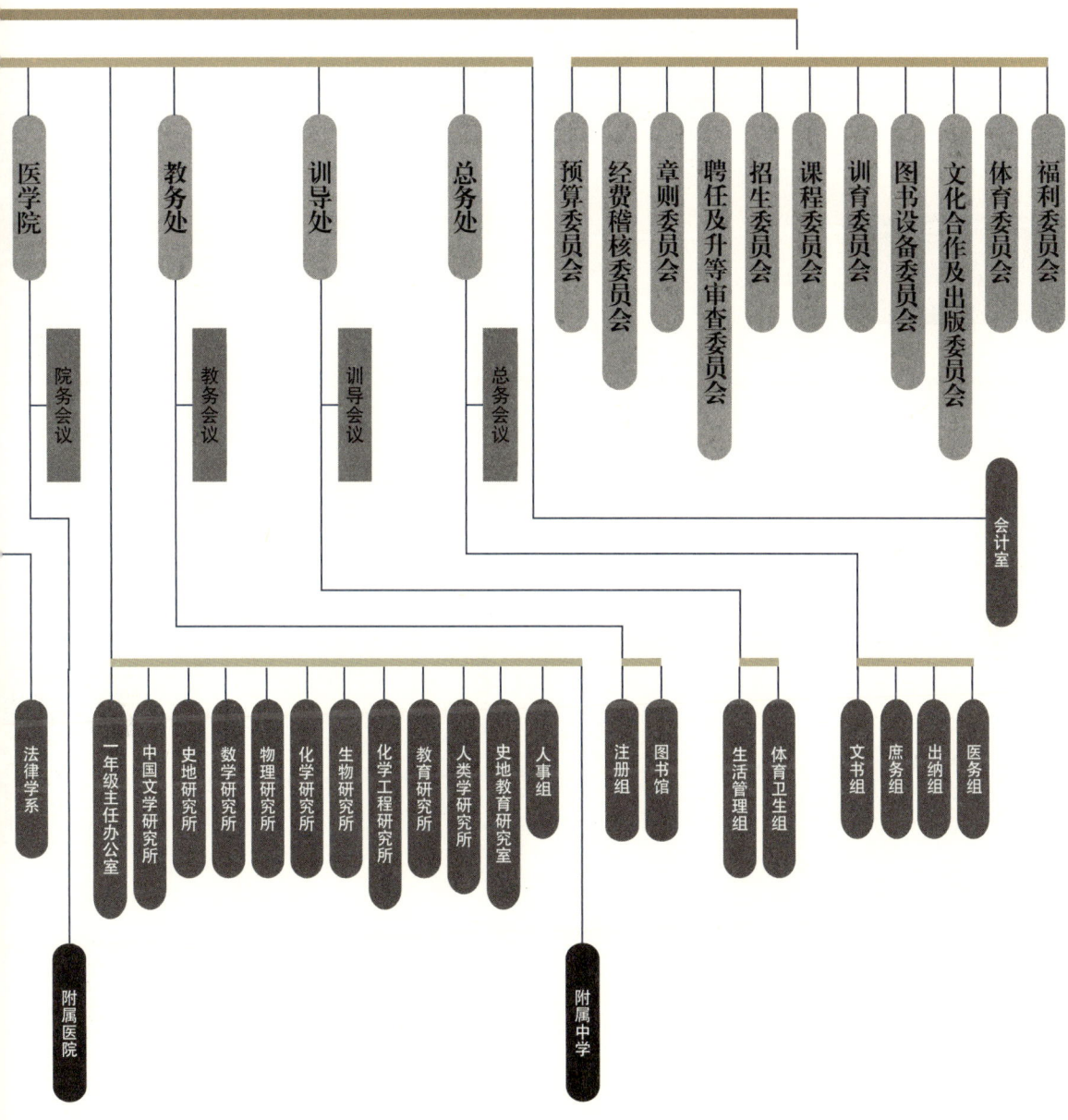

注：1947年8月起，师范学院原有国文、英语、史地三系分别合并于文学院有关各系，数学、理化两系分别合并于理学院有关各系，仅留教育系，学生为师范生。1949年6月，浙江大学被军事接管后，师范学院撤销，教育系并入文学院。8月停办法学院。

浙江大学 1952

- 电机工程系
- 机械工程系
- 化学工程系
- 土木工程系

浙江大学 1996

- 应用数学系
- 物理学系
- 化学系
- 力学系
- 地理科学系
- 生物科学与技术系
- 电机工程学系
- 化学工程学系
- 高分子科学与工程学系
- 建筑系
- 土木工程学系
- 机械工程学系
- 信息与电子工程学系
- 光电与科学仪器学系
- 生命科学与医学工程学系
- 材料科学与工程学系
- 能源工程学系
- 计算机科学与工程学系
- 管理工程学系
- 企业管理与市场营销学系
- 财务与会计学系
- 哲学·社会学系
- 政治学系
- 中国语言文学系
- 经济与金融学系
- 国际贸易系
- 国际经济法系
- 外语系

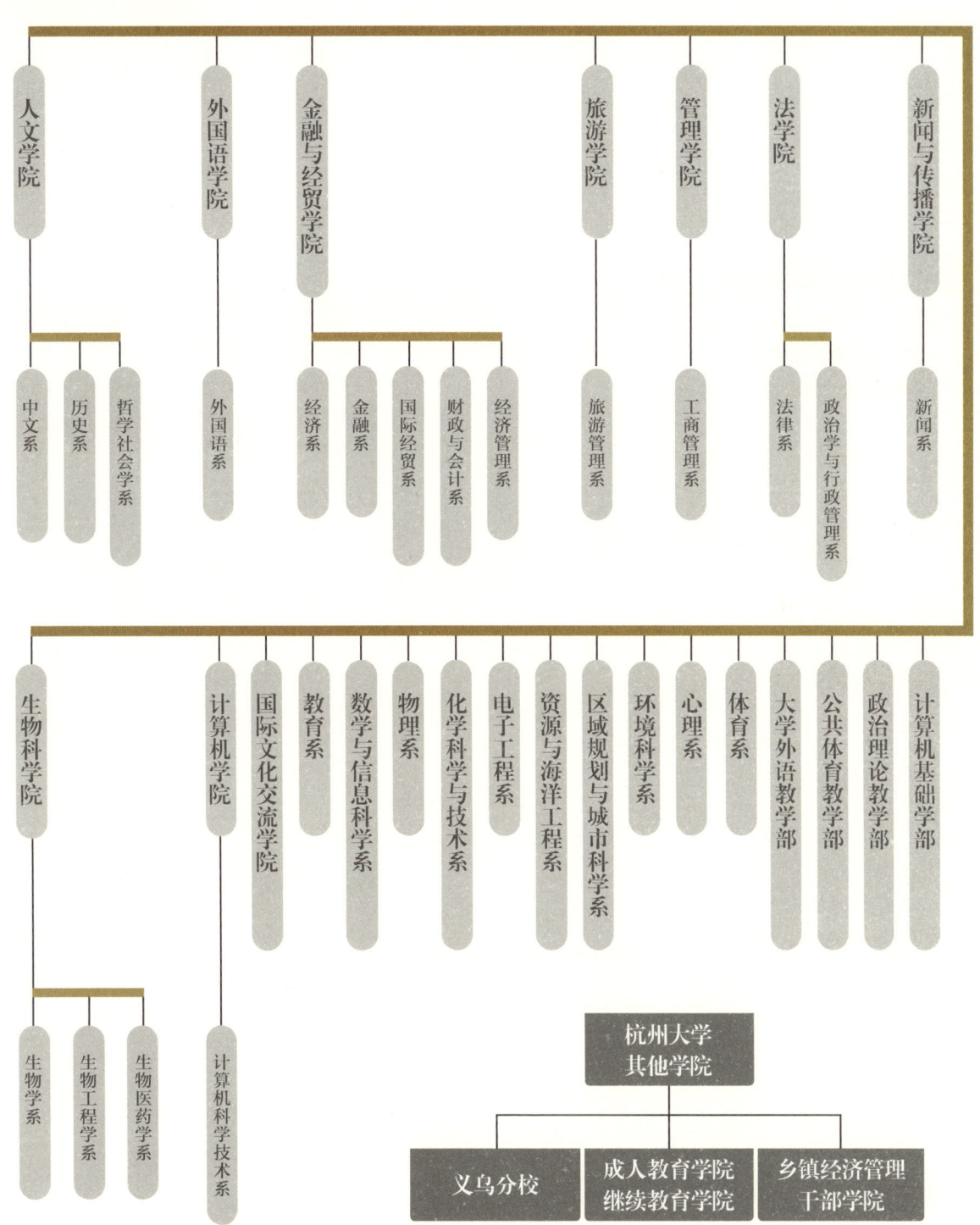

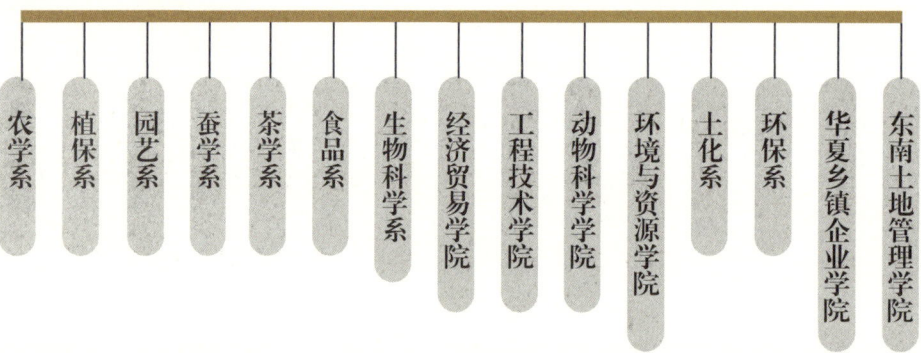

浙江农业大学 1997: 农学系 | 植保系 | 园艺系 | 蚕学系 | 茶学系 | 食品系 | 生物科学系 | 经济贸易学院 | 工程技术学院 | 动物科学学院 | 环境与资源学院 | 土化系 | 环保系 | 华夏乡镇企业学院 | 东南土地管理学院

浙江医科大学 1998

- 成人教育学院
- 基础医学院
- 社会科学部
- 德育部
- 体育部
- 外语教学部
- 第一临床医学院（临床医学一系儿科系）
- 第二临床医学院（临床医学二系）
- 医学营养系
- 公共卫生学院
- 护理系
- 药学院
- 口腔医学系
- 生物医学工程系
- 附属第一医院
- 附属第二医院
- 附属邵逸夫医院
- 附属妇产科医院
- 附属儿童医院

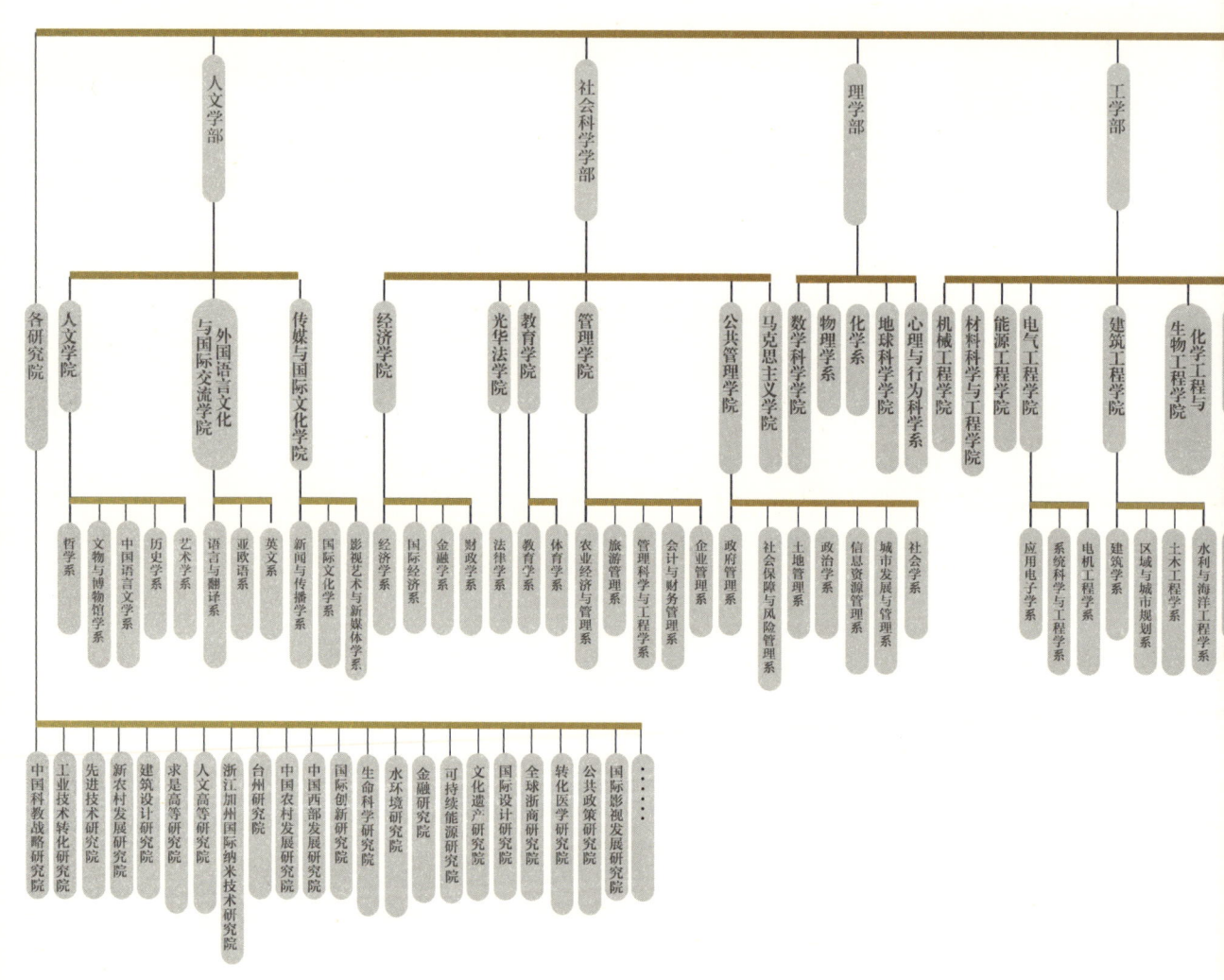

附 录

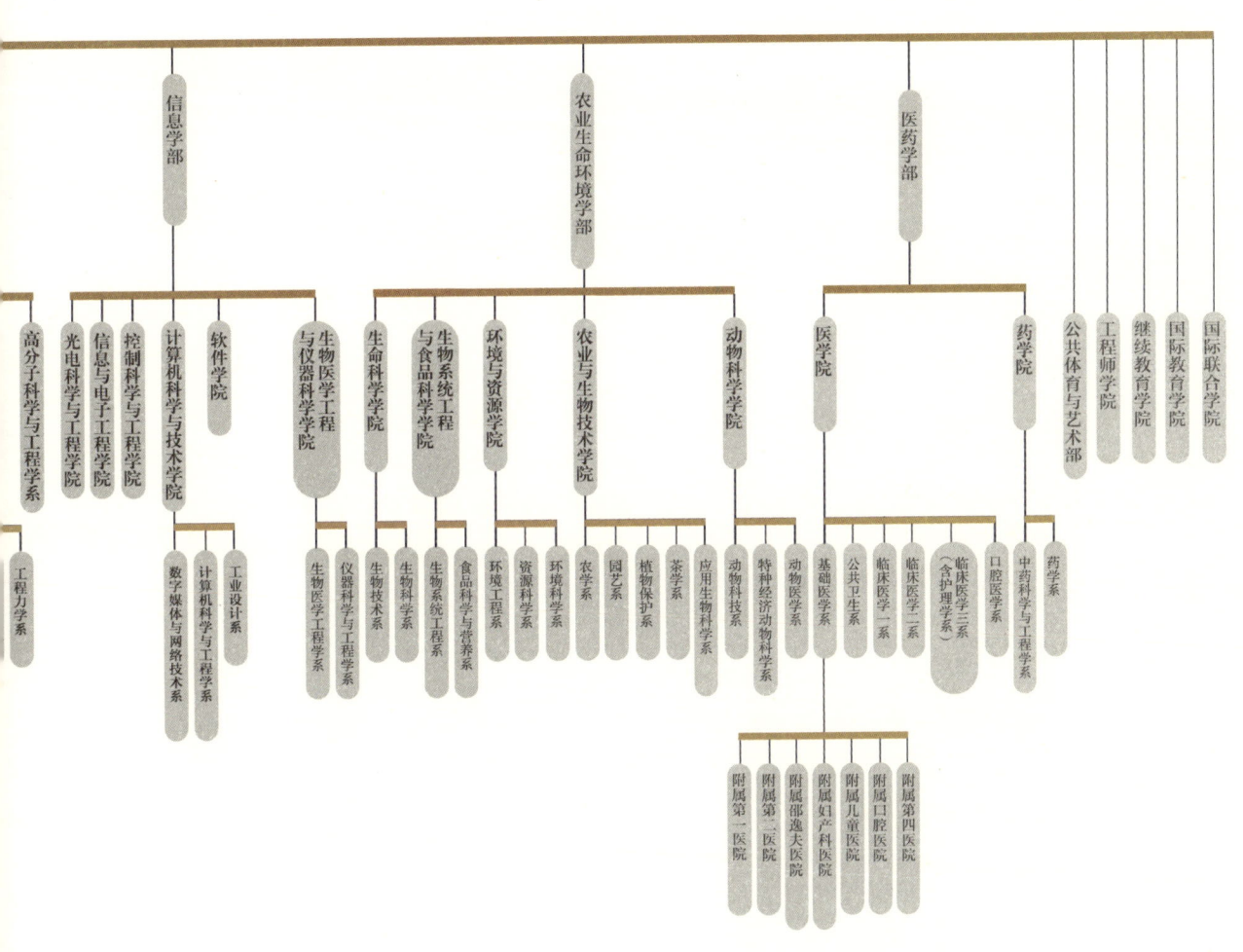

浙江大学两院院士名录

中国科学院院士
(按当选年份、姓名拼音顺序)

[1955 年]

贝时璋　蔡邦华　蔡金涛　陈建功　陈望道　程孝刚　冯新德　顾功叙　胡　宁
胡乔木　黄秉维　黄鸣龙　纪育沣　金善宝　梁　希　卢嘉锡　陆学善　罗宗洛
马叙伦　马寅初　钱令希　钱三强　钱志道　邵象华　苏步青　涂长望　汪胡桢
汪　猷　王淦昌　吴　晗　吴学蔺　夏　鼐　向　达　张德庆　张肇骞　章名涛
赵九章　竺可桢

[1957 年]

吴文俊

[1980 年]

蔡昌年　陈述彭　程开甲　程民德　干福熹　谷超豪　郭可信　胡海昌　胡济民
李竞雄　梁守槃　刘恢先　刘盛纲　卢鹤绂　毛汉礼　潘家铮　钱人元　钱钟韩
任美锷　沈善炯　沈允钢　施履吉　施雅风　苏元复　谈家桢　谭其骧　唐孝威
王葆仁　王　序　王　元　吴浩青　吴征铠　吴中伦　夏道行　谢学锦　谢义炳
徐光宪　徐芝纶　姚　鑫　叶笃正　张钟俊　支秉彝　朱壬葆　朱祖祥　邹元爔

[1991 年]

曹楚南　陈耀祖　陈子元　洪德元　洪孟民　胡和生　李志坚　陆熙炎　路甬祥
吕　敏　钦俊德　阙端麟　沈家骢　施教耐　石钟慈　徐　僖　杨福愉　阳含熙
袁　权

[1993 年]

戴立信　林励吾　裘法祖

[1994 年]

李政道　吴健雄

[1995 年]
陈宜张　冯纯伯　贺贤土　沈之荃　吴常信　周志炎

[1997 年]
方肇伦　侯虞钧　张嗣瀛

[1999 年]
韩祯祥

[2001 年]
金国章　徐世浙　张友尚　张　泽　庄逢辰

[2003 年]
方荣祥　黄　宪　杨　卫　叶培建　朱位秋

[2005 年]
丁仲礼　麻生明　杨文采　吴硕贤

[2007 年]
段树民　杨焕明

[2009 年]
侯立安　朱玉贤

[2013 年]
陈十一　励建书　彭平安

[2015 年]
陈仙辉　陈云敏　景益鹏　罗民兴　徐国良　杨树锋　张锁江

中国工程院院士
（按当选年份、姓名拼音顺序）

[1994 年]

巴德年 陈力为 楼之岑 路甬祥 潘家铮 汪槱生 徐承恩 杨奇逊 张直中

[1995 年]

岑可法 陈清如 黄文虎 李国杰 潘镜芙 沈昌祥 孙优贤 汪懋华 吴祖垲
徐元森 薛鸣球 杨裕生 赵梓森

[1997 年]

池志强 董石麟 杜庆华 洪伯潜 金鉴明 金庆焕 林祥棣 潘云鹤 沈寅初

[1999 年]

陈吉余 陈蕴博 刘大钧 刘守仁

[2001 年]

陈左宁 宫先仪 林俊德 欧阳平凯 张乃通 郑树森

[2003 年]

李连达

[2005 年]

李兰娟 沈荣骏

[2007 年]

谭建荣　徐扬生　许庆瑞　臧克茂

[2011 年]

陈剑平　龚晓南　吴孔明

[2013 年]

杨华勇

[2015 年]

陈　纯　陈建峰　陈学东　罗　安　张新友

据不完全统计，截止 2017 年 3 月，浙江大学师生校友中当选中国科学院院士或中国工程院院士的人数合计 201 人，其中路甬祥、潘家铮是中国科学院院士、中国工程院院士。

后 记

2017年5月21日，是浙江大学建校120周年纪念日，学校将举行盛典，隆重庆祝。我们组织编写出版《浙江大学图史》，是为了宣传百廿年光荣历史，传承求是创新精神，为创建世界一流大学增强文化引领与精神支撑的蓬勃力量。

本书编写工作在2015年10月正式启动。为了编好本书，我们提出了"尊重历史、脉络清楚、重点突出、图文并茂"的编写原则，试图通过凝练的文字和精彩的图片，直观、生动地展现浙江大学跨越三个世纪、历经两个甲子的足迹与辉煌。我们拟订了编写方案、内容大纲和进度安排，成立编撰团队包括编写起草组、统稿组、文字组，并委托档案馆为全书编写组织协调单位，整合校史专家及相关人员，全力推进编写工作。

编撰人员注意把握"史实准确"和"史观正确"。在史料查证方面，组织人员赴中央档案馆、中国历史第一档案馆、中国历史第二档案馆、浙江省档案馆、浙江省图书馆、温州市图书馆等各史料典藏机构开展史料调研与收集工作；组织人员专门就抗日战争时期浙江大学西迁办学沿途各地浙大史迹与遗迹展开访问与考察；还采访了众多海内外的浙大校友或其后裔，了解当事人在浙大历史上的活动、故事与贡献。通过大量的文献查阅和研究考证，编撰团队在一些校史问题上，努力取得更加全面、深入、确凿的了解与认识，进一步充实和丰富了校史内容。

书稿形成后，编写组向近60位学校老领导、现任校领导、校史专家及学者发出了意见征求函。路甬祥、张浚生、潘云鹤、张曦、陈子辰、邹晓东、黄书孟、郑造桓、童芍素、程家安、庞学铨、冯培恩、来茂德、王玉芝、薛艳庄、夏越炯、金锵、陈子元、邹先定、夏英武、陈昭典、郑树、胡旭阳、徐有智、杨达寿、王立人、何亚平、范展、吴弘萍、吴永志、田华、陆兴华等领导、专家反馈了审阅意见，提出了宝贵的具体建议。我们深表感谢，同时充分吸收了各位领导、专家意见，努力在书稿内容上做到客观、准确、全面，经得起历史的考验。

《浙江大学图史》编写是一项极其光荣而繁重的任务。在编写过程中，我们深深感受到编写浙江大学这样跨越三个世纪、历经三个时代变迁、具有120年悠久历史的名校图史，无论是在内容剪裁、史实考辨、体例平衡等方面的处理，其实都有不易之处。编撰人员本着高度的历史责任感和使命感，通过艰苦写作的过程，终于将书稿奉献在各位师生校友和广大读者面前。但是，由于我们的校史知识与编写水平有限，

后记

尽管试图考证所有可能存疑的史实，但是书中谬误可能仍旧存在，敬请师生校友和广大读者不吝指教。

书中采用的档案文献和历史图片主要来自浙江大学档案馆藏和校新闻办公室所存，少数图片来自个人分享和网络。因为图片数量较大，有的图片作者无从可知，有的图片系作者在校任职时职务行为，同时也为节省篇幅起见，无法一一注明作者姓名，敬请见谅。如果涉及版权问题，欢迎与本书出版社联系处理。

让我们一起为浙江大学120周年生日而祝福！祝愿浙江大学早日建成世界一流大学！

编者

2017年5月

图书在版编目（CIP）数据

浙江大学图史 / 金德水，吴朝晖主编 . —杭州：浙江大学出版社，2017.5

ISBN 978-7-308-16894-6

Ⅰ.①浙… Ⅱ.①金…②吴… Ⅲ.①浙江大学—校史—图集 Ⅳ.① G649.285.51-64

中国版本图书馆CIP数据核字（2017）第083404号

浙江大学图史

金德水　吴朝晖　主编

责任编辑	宋旭华
美术编辑	俞亚彤
责任校对	包灵灵
封面设计	张越人
出版发行	浙江大学出版社
	（杭州市天目山路148号　邮政编码310007）
	（网址：http://www.zjupress.com）
排　　版	张越人
印　　刷	浙江海虹彩色印务有限公司
开　　本	787mm×1092mm　1/16
印　　张	19.5
插　　页	1
字　　数	250千
版 印 次	2017年5月第1版　2017年5月第1次印刷
书　　号	ISBN 978-7-308-16894-6
定　　价	78.00元

版权所有　侵权必究　印装差错　负责调换

浙江大学出版社发行中心联系方式（0571）88925591；http://zjdxcbs.tmaill.com

定价：78.00元